엄마가 도와주는
영재 수학 학습법

엄마가 도와주는

영재 수학 학습법

MATH

$$\frac{x+y}{x\sqrt{y}}$$

지형범 지음

아이가 수학을 싫어한다면 누구의 잘못일까요?

모든 아이는 수학을 좋아합니다

두드림미디어

2008년부터 분당에 있는 작은 오피스텔에서 고지능 아동과 그 부모들을 만나면서 시작되었던 영재 교육 로드맵 컨설팅은 햇수로 벌써 17년째가 되어갑니다. 그사이에 8,000명의 가족을 만나고, 많은 학부모들의 고민과 어려움을 나누면서 세월이 쏜살같이 흘러갔습니다. 그때 만나서 많은 어려움을 극복하고, 이제는 번듯한 대학생이 된 학생들이 여럿이 되었습니다. 그 아이들의 부모들과 같이 견뎌냈던 무수히 많은 고비가 주마등처럼 지나갑니다. 이제는 까마득한 시절이지만, 대학에서 수학을 전공했다는 것이 지금 나이에도 아이들에게 멘토링을 할 수 있는 기초 자산이 되었습니다. 그 과정에서 고지능 영재 아동들과의 소통에서 수학이라는 도구가 의외로 좋은 재료가 되었습니다.

'영재'라는 단어가 가져다주는 치명적인 오해가 있습니다. '영재'라는 단어를 고지능 아동들에게 사용하는 나라는 의외로 우리나라 외에는 많지 않습니다. 중화권에서는 '자우(資優)'라는 단어를 사용합니다. '자우'

란 직역하면 '자질이 우수한 아이'라는 뜻이고, 영어에서는 'Gifted' 혹은 'Talented'라고 표현합니다. 영어를 직역하면 '좋은 머리를 선물처럼 받은 아이' 혹은 '지적 재능이 부여된 아이'라고 할 수 있습니다. '영재'는 맹자(孟子)의 진심(盡心) 편에서 나옵니다.

'군자에게는 3가지 즐거움이 있는데, 부모와 형제가 모두 건강하고 탈이 없는 것이 하나요. 하늘에 우러러 또 세상 사람들에게 부끄러움이 없는 것이 둘이고, 천하의 영재를 제자로 얻어 가르치는 것이 셋째다. 온 세상을 다스리는 왕 노릇 하는 것은 그 3가지에 들지 못한다.'

父母俱存 兄弟無故 一樂也
(부모구존 형제무고 일락야)

仰不愧於天 俯不怍於人 二樂也
(앙불괴어천 부부작어인 이락야)

得天下英才而敎育之 三樂也
(득천하영재이교육지 삼락야)

君子有三樂 而王天下不與存焉
(군자유삼락 이왕천하부여존언)

군자, 즉 선비의 세 번째 즐거움이 '득천하영재(得天下英才)'라는 것인데, '영재(英才)'라는 단어에는 원래 천하(天下)가 붙어 있었습니다. 10년에 하나, 100년에 하나, 혹은 100만 명 중 으뜸이라는 뉘앙스가 붙어 있습니다. 대중적으로는 텔레비전 프로그램에서 소개될 만한 깜짝 놀랄 정도의 천재적인 아이를 기대하게 하는 단어입니다. 하지만 학술적으로 그 정도로 희소한 수준은 아닙니다. 학자에 따라 다르지만, 최상위 2~3% 정도로 지적인 능력이 높은 아이를 영재로 보는 것이 통설입니다. 어떤 학자는 5% 정도는 영재로 보자고 하고, 어떤 이는 10%까지 영재로 보자고 합니다. 현재 영재 전문학자로는 첫손에 꼽히는 미국 코네티컷 대학에 계시는 조셉 렌줄리(Joseph Renzulli, 1935~) 박사는 대표적으로 영재 범위를 되도록 넓게 보자는 입장을 강조합니다. 이분의 소신은 '최상위급은 아니어도 우수한 학생들이 영재 교육을 받았다고 해서 나쁠 게 없는 반면, 진짜 영재가 영재 교육을 받지 못한다면 대단히 불행할 것이다'라는 입장입니다.

영재라는 단어에 관해서는 이 책 앞부분에서 명확히 하고 싶습니다. 세속적인 '영재'라는 단어가 일으키는 선입견과는 다른 의미입니다. 지적 잠재 역량이 상대적으로 많은 아이들을 학술적으로 분류한 것입니다. 대략 전체 학생들 중 2~3% 정도의 특수한 계층을 '영재'라고 합니다. 실제로는 상위 10% 정도의 학생들은 아주 우수한 학업 경쟁력을 가지고 있습니다. 그런 학생들이 서로 경쟁하면서 제일 좋은 학교로 진학하게 되며, 그런 친구들은 사회에 나가서 좋은 직업, 좋은 회사로 진출해 누가 보기에도 부러운 사회적 입지를 차지하게 되어 있는 것이 냉정한 현실입니다. 그렇다면 최상위 2~3%의 영재들은 당연히 그 10% 안에 속해 있으며, 그중에서도 가장 높은 자리를 차지할 것이라고 예상할 것입니다.

그런데, 실제는 그렇지 않습니다. 상위 10%의 학생들에 대해서는 세상의 예상이 그다지 틀리지 않지만, 최상위 2~3%의 '영재'들에게는 가혹한 현실이 도사리고 있습니다. 이들에게는 독특한 어려움이 발생하는데, 그 어려움을 극복하지 못하고, 자신에게 주어진 뛰어난 역량을 제대로 개발하지 못합니다. 오히려 어려움의 구렁텅이로 떨어지는 비율이 아주 높습니다. 이들에게는 3가지 정도의 함정이 준비되어 있습니다.

⑴ 학교생활에 적응하지 못하고 잠재역량을 개발하기는커녕 학교에서 중간 정도 혹은 중간에도 못 미치는 학업 경쟁력밖에는 보여주지 못하는 사례가 상당히 있습니다.

⑵ 학업 경쟁력은 괜찮은 수준이거나 자신의 역량을 충분히 발휘하지는 못할망정, 중간 수준 이상을 유지하지만, 매우 외로운 유년 시절, 청소년 시절을 지내면서 어두운 성격을 가지는 경우도 많습니다.

⑶ 학교생활 부적응, 학업 경쟁력의 부진이 있든지, 없든지 간에 교사 혹은 부모와의 갈등이 격화되어 가정적인 어려움에 처한 사례도 많습니다.

이런 함정에 빠지는 아이들이 생각보다는 비율이 높기 때문에, 그런 함정에만 빠지지 않는다면 최상위 2~3% 아이들 중 남은 친구들은 최상위 2~3%가 아니라 최상위 0.5% 이상의 매우 높은 학업 성취도를 보여줄 수 있습니다. 그런 성취도를 보여줄 뿐 아니라, 학문적으로 매우 높은 경지에 이르러 학문적인 혹은 기술적인 업적을 남길 만한 위치에 오를 수 있습니다. 그렇지 않더라도 사업적인 성공을 이룰 수도 있습니다. 그런 함정에 빠지지 않고 잘 성장하기 위해서 필요한 핵심 요소에 대해 집중할 필요가 있습니다.

필자는 학창 시절 수학을 잘하는 쪽이었고, 그래서 아주 쉽게 높은 성적을 얻곤 했습니다. 중학교, 고등학교로 진학할수록 수학을 잘한다는 이유로, 좀 더 유리한 입장이 된다는 것을 느꼈습니다. 당시는 그게 막연한 느낌에 불과했지만, 다른 친구들에 비해 적은 학습량을 유지했고, 사교육에도 큰 시간을 빼앗기지 않았음에도 서울대학교 수학과까지 들어갈 수 있었습니다. 막상 그곳에 가서는 정말 놀라운 수학 천재들에게 기가 눌려서 대학을 포기할까 하는 위기에도 몰려 보았습니다. 분자생물학을 부전공으로 택해서 어렵사리 대학 졸업장을 받았습니다. 사회생활은 전자회사에서 소프트웨어 프로그래머로 시작해 정보통신 분야에서 23년간 일하면서 비교적 다양한 경력을 쌓다가 우연한 기회에 멘사 코리아에서 고지능 성인들과 동호회 활동을 하게 되었습니다. 그것이 계기가 되어 현재는 교육 컨설턴트가 되었습니다. 많은 고지능 아동을 만나고, 이들이 겪고 있는 현실이 녹록지 않다는 것을 깨닫게 됩니다.

그동안 그럭저럭 좋은 대학에도 가고, 그것을 바탕으로 남과 다른 경험을 쌓으면서 지내왔습니다. 지난 세월을 생각해보니, 많은 운이 따른 것이었다는 것을 깨닫게 되었습니다. 부모님이 나를 이해해주었고, 그래도 나와 같은 특성을 가진 누나가 있어서 그다지 외로움에 시달리지 않게 해주었습니다. 가능성을 인정해주는 선생님도 만났고, 학창 시절 너무 비뚤어지지 않도록 해주는 좋은 선배, 친구들이 적당히 있었습니다. 하지만 결코 순탄하거나 승승장구하기만 한 것은 아니었습니다. 하지만 어떤 일들이 계기가 되어서, 어려움에 빠진 영재 아동과 그 부모들을 보다 적극적으로 도와야 한다는 마음을 가지게 되었습니다. 영재 아동에 대한 보다 긍정적인 인식을 바탕으로, 영재 아동들의 다루기 어려운 까다로움보다는 가능성에 보다 초점을 두고 고민했습니다. 어려움에 빠진 영재 아동 및 그 부모들과 이러저러한 많은 활동을 벌여나가다 보니, 잠재력을 가진 아이들은 어려운 학교생활에서도 차츰 문제를 극복하면서 자신의 재능을 발휘하기 시작했습니다.

컨설팅 초창기에 만났던 가족들과 했던 경험을 바탕으로 끊임없이 새로운 가족을 만나고, 그 경험을 재현시키면서 점차 많은 경험이 쌓여 나갔습니다. 그 결과물로 어려움에 빠진 영재 가족들에 대해서 정리된 하나의 매뉴얼이 만들어졌습니다. 그것을 한 권의 책으로 정리해보겠다는 것을 결심하게 되었습니다.

지난 20년간의 다양한 경험은 하나의 결론으로 정리됩니다. 대한민국에는 실제로 상당한 지적인 잠재력을 가진 '영재'들이 있다는 것입니다. 이런 아이들의 태반이 그다지 우호적인 환경에 있는 것이 아닙니다. 이 아이들에게 좋은 교육적 환경을 제공한다면, 이 아이들은 행복한 유·청소년기를 지낼 수 있는 동시에 상당한 능력을 갖출 수 있게 될 것입니다. 그런 환경을 만들어줄 수 있는 사람은 결론적으로 부모밖에는 없습니다. 하지만 부모들은 몇 가지 어려움을 만나게 됩니다.

첫째, 우리 아이가 '영재'라는 것을 잘 알지 못합니다. 우리 집 아이만 보아서는 이 아이가 얼마나 높은 잠재력이 있는지 확신할 수가 없습니다. 아이의 잠재력을 객관적으로 평가할 필요가 있습니다. 흔히 '모든 부모들은 자기 자녀를 영재라고 착각한다'라고 말합니다. 그런 말을 듣게 될 것이 두려워서 아이의 잠재 역량을 객관적으로 평가하는 일을 주저해서는 안 됩니다. 필자가 하는 일은 어떤 의미에서는 세상에 퍼져 있는 갖가지 편견과 싸우는 일입니다. 지능 검사는 결코 허술한 숫자놀이가 아닙니다. 최소한 140년의 역사를 가지고 수많은 전문학자들이 상당히 정교한 평가 시스템을 개발해왔습니다. 오늘날에도 상당한 인원의 학자들이 지속적으로 연구해가면서 보다 정교한 평가시스템을 만들고 있습니다. 따라서 엄격하게 표준화된 도구들을 가지고, 아이의 잠재능력의 크기를 상당한 수준까지 객관적으로 평가할 수 있습니다.

둘째, 아이가 영재라고 하더라도 과연 어떤 전문가들이 있어 이 아이에게 가장 적합한 교육을 제공할 수 있을지 알 수가 없다는 것입니다. 세상에 알려진 수많은 영재 교육은 사실 대부분 상업적인 마케팅으로 잘 꾸며져 있을 뿐, 제대로 된 교육이 아닐 수도 있습니다. 이 책에서의 결론을 미리 선언한다면, '제대로 된 영재 교육이란 결국 부모가 아이에게 적절한 성장 환경을 만들어주는 것'이어야만 합니다. "우리가 영재 전문가이니 부모님들은 뒤로 빠지시고 우리에게 맡기세요"라는 메시지는 결코 수용해서는 안 됩니다. 부모님들이 영재 아동의 특성을 제대로 알아야 하며, 그 특성에 맞는 환경을 제대로 만들어주어야 합니다. 몇 가지 대원칙이 있습니다.

'아이가 영재라는 이유로 아이의 행복한 유년 시절을 빼앗아서는 안됩니다. 그럴 권리는 아무에게도 없습니다. 부모에게도 그럴 권리는 없습니다.'

'진정한 영재 교육은 자기 주도성을 철저히 보장해주는 것입니다.'

'아이는 아이의 부모가 믿어주는 것만큼 성장합니다.'

셋째, 앞서 말한 원칙들을 받아들인다고 하더라도, 영재 아동의 부모를 잘 준비시켜 줄 수 있는 프로그램은 어디서 얻을 수 있을까요? 일단은 이 책에서 보여주는 가이드라인을 따라가면서 어떤 준비가 필요한 것인지 가늠해보시길 권합니다.

지형범

CONTENTS

$$(x+y)^n = \sum_{k=0}^{n} {}^nC_k \, x^{n-k} \, y^k$$

$$2x^2+3x$$

$$3^0 = 1$$

$$\log_a 1 = 0$$

$$a^2+b^2$$

$$(x+y)^n =$$

$$2\pi \qquad -\frac{3\pi}{2}$$

$$\log_c\left(\frac{a}{b}\right) = \log_c a - \log_c b$$

$$\sqrt[3]{-8} = -\sqrt[3]{8}$$

$$y = ax^2+bx+c$$

$$k<0$$

$$\sum_{k=1}^{n} k = \frac{1}{2}n(n+1)$$

$$\pi \approx$$

$$y = kx^2 \quad k$$

$$c^2 = a^2+b^2$$

B

60°

30°

A

C

$$4^{\frac{3}{2}} = \sqrt[2]{4^3}$$

$$\sqrt{2}$$

$$(a-b-c)2 = a2+b2+c2-2ab+2bc-2c$$

$$\sin 30° = \frac{1}{2}$$

$$\sin 45° = \frac{1}{\sqrt{2}}$$

$$\sin 60° = \frac{\sqrt{3}}{2}$$

$$a^b a^c = a^{b+c}$$

$$\left(\frac{2}{3}\right)^{-3} = \left(\frac{3}{2}\right)^3$$

B

C

A

1장

아이가 영재라는데
왜 이렇게 힘든가요?

1장.
아이가 영재라는데
왜 이렇게 힘든가요?

고지능 영재 교육에는 3가지 어려움이 있습니다.

(1) 커리큘럼의 부적합성

(2) 또래 관계에 숨겨져 있는 난점

(3) 부모들의 혼란, 이중 부담

3가지 어려움에 대해서 자세히 설명해보도록 하겠습니다.

커리큘럼의 부적합성

고지능 아동에게 있어 너무 쉽고, 느리며, 반복적인 학습 진행은 많은 부작용을 일으키게 되지만, 부모와 교사들은 그런 어려움을 잘 인식하지 못 할 수 있습니다. 지능 검사 결과를 꼼꼼히 들여다보면, IQ 125 이상 아동의 경우 어휘 수준은 자기 학년보다 적어도 2~3년, 어떤 경우에는 5~6년 앞서가는 수준까지 발달한 경우가 있습니다. 어휘 수준뿐 아니라, 상식, 추론 능력, 기억력, 순간적인 판단 인지 능력 등이 이미 자기 학년에서 진행되는 수업과는 수준이 맞지 않습니다. 이런 경우, 아이는 수업이 매우 반복적이고, 느리며, 지극히 지루하고 유치한 내용의 끝없는 반복처럼 느껴집니다. 무엇보다도 새로운 지식을 공급해주지 않는 교사에게 존경심을 갖기가 어려워집니다.

그렇다면 사교육을 통한 보완이 가능할까요? 하지만 냉정한 현실은 부정적입니다. 이런 아이들을 위한 사교육이 존재하지 않습니다. 기본적으로 사교육은 과외든, 학원 수업이든 정규 학교의 평가에 종속됩니다. 시간과 돈을 투입하는 부모 입장에서는 이런 과외 수업이 학교 평가에 도움이 되길 기대할 것입니다. 문제는 커리큘럼 자체가 맞지 않는 고지능 아동에게는 이런 사교육은 부적합한 수업을 연장시키는 것이 됩니다. 결과적으로 사교육은 오히려 아이의 학습 의욕을 꺾어버리는 부작용을 일으킵니다. 이런 아이들에게는 단체 그룹 지도는 어차피 문제를 해결해주지 못하기 때문에 1:1 멘토링이 바람직합니다. 이때의 멘토는 무척 유연하게 아이의 호기심을 충족해줄 수 있는 분이어야 합니다. 풍부하고 다채로운 콘텐츠를 폭넓고 깊이 있게 제공해줄 수 있는 동시에 보육교사와 같은 친절함을 겸비해야 합니다. 그런 멘토는 실제로 극히 드물 뿐 아니라, 큰 비용이 필요합니다. 오히려 이 문제에 대한 가장 적합한 해결책은 다음 장에 소개된 '도서관 데이'를 실시하는 것입니다.

또래 관계에 숨겨져 있는 난점

지적인 연령 기준에서 서로 어울릴 수 있는 한계는 대체로 1살에서 2살 정도로 봅니다. 즉 1살에서 2살 차이가 나는 아이들과는 어울리기 힘들다는 것입니다. 아이와 환경, 문화적인 차이에 따라 다르기 때문에 일률적으로 말하기는 어렵습니다. 하지만 이런 주장은 잘 새겨보면 지극히 상식적입니다. 3학년 아동이 5학년 교실에서 생활하기 어려운 것처럼, 5학년 아동이 3학년 교실에서 매일 생활하기도 어려운 것입니다. 지능이 130인 학생이 만 10세가 되면 대체로 초등 3~4학년 교실에서 수업을 받게 될 것입니다. 이 학생의 지적 연령은 13세가 되며, 학년이 올라갈수록 평균적인 학생들과의 지적 연령은 점점 더 벌어질 가능성이 큽니다. 결국 자신과 말이 통하고 정서적으로 편하게 어울릴 수 있는 친구는 한 반에 2~3명 정도밖에 되지 않으며, 그중 이성이 아닌 동성 친구는 한둘밖에 되지 않습니다. 교실에서 편하게 지낼 수 있는 친구가 1~2명밖에 되지 않는 상황에서는 교우 관계가 자칫 단절될 위험이 생깁니다. 1~2명의 친구가 학년이 바뀌면서 관계가 차단되고, 새로운 친구를 만나기까지는 고립될 위험이 도사립니다. 학년이 올라갈수록 친구들과의 갭gap은 더 커지기 때문에 고립감이 점점 심해집니다.

커리큘럼 부적합이나 또래 관계의 어려움은 나이가 들어갈수록 점차 커짐으로 인해 아이 자신과 부모들이 인식하지 못하는 사이, 커다란 함정으로 작용합니다. 당장은 그런 어려움이 나타나지 않더라도 문제가 표

면화되었을 때는 이미 깊은 상처가 되기 쉽습니다. 이런 상처는 빠르게 회복되지 않고, 비사교적 태도와 폐쇄적인 성격으로 굳어질 위험이 있습니다. 그와는 반대로 지나치게 친구에게 집착하거나 과격한 태도를 보일 수 있습니다.

이런 어려움을 예방하고 행복한 유년 시절을 지켜주기 위해서는 지적 특성이 비슷한 아이들로 구성된 4~5명 정도의 그룹이 구성될 수 있도록 해주어야 합니다. 이에 대한 자세한 설명은 4장 '행복한 유년 시절은 저절로 만들어지지 않습니다'를 참조하시기 바랍니다. 대체로 IQ 125 이상의 아이들끼리 모일 수 있다면, 이 아이들 사이에 지수 편차가 있더라도 큰 어려움 없이 어울릴 수 있게 됩니다. 그러나 이런 아동들, 그리고 그런 어려움을 공감할 수 있는 가족들을 만나기는 생각보다는 쉽지 않습니다. 이른바 부모들의 학력과 경제력이 뛰어나고 유명한 학군지라고 하더라도 지수 125 이상의 아동들의 비율은 여전히 낮기 때문에, 이든 커뮤니티가 아니면 이런 가족들을 만나기가 어렵습니다. GES 센터의 여러 가지 프로그램은 실제로는 깐부 그룹을 만들어주기 위한 장치로 보아야 합니다. 학습적인 콘텐츠를 풍부하게 제공하는 프로그램은 3장에 설명되어 있는 '자기 주도적인 독서 활동'이 가장 강력합니다. GES 센터의 프로그램을 3~4주에서 2달 정도 잘 활용하면 깐부 그룹을 만들 수 있습니다. 그룹을 형성할 수 있는 계기로 활용하세요.

부모들의 혼란, 이중 부담

이 모든 어려움을 풀 수 있는 열쇠를 가진 사람은 부모입니다. 부모가 이런 문제에 대해 의논할 수 있는 상대는 교사, 보육 교사, 기관의 원장 등이 되는 것이 상식입니다. 하지만, 이런 분들이 고지능 아동에 대한 이해가 깊지 못하다면 오히려 잘못된 조언을 할 수 있습니다. 아이들의 지적 역량의 성장 발전 속도가 많이 다르기 때문에 많은 오해와 불신을 받을 수 있습니다. 자녀에 대한 잘못된 기대가 있다거나 부모의 하소연을 과장이나 자기 자녀에 대한 지나친 특별 대우를 요구하는 것으로 오해합니다.

고지능 아동들이 가지는 성격의 특징은 몰입 특성과 과도성입니다. 2가지가 결합하면 '과도한 몰입'이 됩니다. 매우 다양한 형태로 나타나고 정도가 천차만별이지만, 대체로 고지능 아동들은 고집이 세고, 호오(好惡)가 분명하며, 자아의식이 어린 나이에도 강하게 형성되고, 오감이 예민하며, 감성과 정서의 기복이 큽니다. 지적 성장 속도는 높아서 자기 나이에 비해 연령이 높은 학생으로서의 존중을 요구하기도 합니다. 실제 나이는 어린 만큼 어떤 때는 유치한 행동을 하고, 어리광과 응석을 부리기도 합니다. 부모들은 어떤 때는 아이의 연령보다 성숙한 자녀처럼 존중해주기도 해야 하는 동시에 어린아이로서 용인해주는 배려심을 가져야 합니다. 이것을 '이중 부담'이라고 합니다. 아이가 어디까지 이해력이 있는지 혼란스럽습니다. 혹시 아이가 자신을 속이고 있는 것이 아닌가 의구심에 시달립니다.

고지능 아동들은 빠른 압축 성장을 하므로, 부모는 이런 아동을 양육함에 있어서 남다른 노력이 필요합니다. 관련 자료와 전문가가 절대적으로 부족한 만큼, 커뮤니티에서 제공되는 자료를 적극적으로 활용해야 합니다. 네이버 카페 '이든센터'의 '영재 교육 바이블' 게시판에는 수백 개의 질의 응답이 있고, '지쌤의 지니어스 TV' 유튜브 동영상도 300여 개가 올려져 있습니다. 보다 체계적으로 영재의 특성과 양육 전략을 정리할 필요가 느껴지신다면, 《영재 공부》(번역서, 제임스 웨브(James Webb)와 공동 저자) 《영재성 바로 알기》, 《숨겨진 영재성 발견하라》와 같은 서적을 일독하는 것도 도움이 됩니다.

GES영재교육센터 공식 커뮤니티 이든(네이버 카페), 지쌤의 지니어스 TV(유튜브)

출처 : 네이버 카페, 유튜브

　　앞서 정리된 3가지 어려움을 극복하기만 한다면, 영재 아동의 양육은 성공입니다. 대체로 첫 번째로 제시된 커리큘럼의 부적합성이 모든 어려움 중 60% 정도의 비중을 가질 것으로 봅니다. 그렇다고 아이에게 필요한 지적인 콘텐츠를 사교육을 통해 보충해주라는 의미로 받아들이면 안 됩니다. 그와는 반대로, 모든 사교육이 해롭다는 주장으로 받아들여서도 안 됩니다. 사교육을 어떻게 활용할 것인지에 대해 몇 가지 가이드라인을 제시하고자 합니다.

$$(x+y)^n = \sum_{k=0}^{n} {}^nC_k \ x^{n-k} \ y^k \qquad 2x^2+3x$$

$$3^0 = 1$$

$$a^2 + b^2$$

$$\log_a 1 = 0$$

$$(x+y)^n =$$

$$\log_c\left(\frac{a}{b}\right) = \log_c a - \log_c b$$

$$\sqrt[3]{-8} = -\sqrt[3]{8}$$

$$y = ax^2 + bx + c$$

$$k < 0 \qquad \sum_{k=1}^{n} k = \frac{1}{2}n(n+1)$$

$$\pi \approx$$

$$y = kx^2 \ k$$

$$c^2 = a^2 + b^2$$

B

60°

30°

A   C

$$4^{\frac{3}{2}} = \sqrt[2]{4^3}$$

$$\sqrt{2}$$

$$(a-b-c)2 = a2 + b2 + c2 - 2ab + 2bc - 2c$$

$$\sin 30° = \frac{1}{2}$$

$$a^b \, a^c = a^{b+c}$$

$$\sin 45° = \frac{1}{\sqrt{2}}$$

$$\left(\frac{2}{3}\right)^{-3} = \left(\frac{3}{2}\right)^3$$

$$\sin 60° = \frac{\sqrt{3}}{2}$$

B   C

A

2장

사교육 가이드라인

2장.
사교육 가이드라인

　고지능 영재들의 정서적 안정과 발달은 중요합니다. 영재 아동들의 지적 발달은 상당 부분 인위적인 개발 노력이 아니고, 주어진 특성에 따라 자연적으로 발달하게 됩니다. 잘못된 학습 방법의 강제는 오히려 영재 아동의 지적 발달에 도움이 되지 않을 뿐 아니라, 정서적 발달을 억제하고, 부모 자녀 사이에 갈등을 초래하고, 인격 성장에 해가 될 수 있습니다.

　사교육은 원칙적으로 영재 아동을 위한 프로그램으로서는 적절하지 않은 부분이 있습니다. IQ 지수 125 전후 이상의 아동들은 학교 커리큘럼 자체가 아이가 요구하는 지적 콘텐츠로서는 빈약합니다. 사교육은 정규 학교에서의 평가에 종속됩니다. 비용과 시간을 들이고, 학부모들은 학교 혹은 교사의 평가에서 좀 더 나은 결과를 기대합니다. 고지능 아동들은 학교 커리큘럼 자체와는 정합되지 못 하기 때문에 학교 수업이 매우 지루하고, 반복적입니다. 아이들은 이런 수업이 자신에게 도움이 되지 않는다는 것을 본능적으로 감지하는데, 학원에서 비슷한 반복적인 학습을 더 한다면 큰 불만이 생깁니다. 특히 수학 교육은 민감하게 반발을 일으킵니다. 예체능이나 다양한 체험 위주의 사교육 활동은 큰 부작용을 일으키지 않습니다. 외국어 교육도 적절한 신선도가 유지된다면 해롭지 않습니다. 다만 일정한 원칙을 세우고 지킬 필요가 있습니다. 고지능 영재 아동이 학업적으로도 자신의 잠재 역량에 상응하는 발달을 지속해 가기 위해서는 '자기 주도성'이 매우 중요하며, 지식의 축적과 함양을 위해서는 독서, 특히 자기 주도적인 독서가 결정적인 학습 활동이 됩니다. 따라서 아무리 우수하고 유익한 프로그램이 있다고 하더라도 아동의 독서 시간, 자기 주도적인 놀이 활동 시간을 빼앗아야 하는 상황이라면 재고해야 합니다.

가이드라인 1

만 8살에서 9살 이전의 아동들에게는 규격화된 학습 활동이 필요하지는 않습니다. 고지능 영재라도 어린 아동이라면 학습 활동과 놀이 활동을 딱히 구분하기 어렵습니다. 즉 재미있게 잘 노는 과정에서 지적 역량이 확대되고 강화됩니다. '잘 놀수록 잘 성장한다'라는 뜻이 됩니다. 신체적인 발달뿐 아니라 지적 역량을 필요로 하는 활발한 놀이가 필요합니다. 학원가를 중심으로 1살이라도 어렸을 때, 집단 교실에 가둬서 강하게 압박이 필요하다는 '미신'은 잘못된 것입니다. 근거가 박약하며, 조금 생각해보면 왜곡된 편견이라는 것을 알 수 있습니다. 아동의 정서적인 건강을 훼손시키는 미련한 방향입니다. 학원에서도 아이들은 친구를 사귀고, 어울리며, 놀이를 할 수도 있습니다. 그러나 상업적인 학원 시설에서는 놀이 활동을 극대화할 수 없으며, 적어도 겉보기라도 강도 높은 학습 형식을 유지 강화하게 되며, 이는 자기 주도성 보호 원칙에 위배됩니다.

가이드라인 2

예체능, 놀이, 외국어 관련 학습이라도 주말에는 권하지 않습니다. 주말에는 가족 간의 스킨십이 우선되어야 합니다. 가족과 함께 체험 활동, 협동 협력의 경험, 정서적인 공감대, 즉 추억 만들기에 주력해야 합니다. 그 과정에서 강화된 정서적 유대와 신뢰 관계가 장차 경쟁이 치열해질 수도 있는 시기를 견딜 수 있는 강력한 토대를 만들어줍니다.

가이드라인 3

주중에도 2~3일 이상은 자기 시간이 확보되어야 합니다. 유치원이나 학교처럼 기본적인 일과가 끝나면 주중 2~3일은 온전한 자기 시간을 보장하는 것이 맞습니다. 그 시간에는 자신이 선택한 활동 또는 비활동을 존중해야 합니다. 독서, 그림 그리기, 낙서, 잡다한 만들기, 게임, 인터넷 등 스스로 선택한 활동을 보장해야 합니다. 심지어, 멍때리기, 낮잠으로 시간을 보낸다고 하더라도 자신의 선택이기 때문에 존중해야 합니다. 고지능 아동들은 '개미가 설탕을 쫓아가듯' 지적 콘텐츠가 많은 활동을 자연스럽게 추구하게 됩니다. 그것이 어른들이 보기에는 비효율적이고, 비생산적으로 보일지라도 자기 안에 있는 지적 세계 속에서 몰입하면서 내적인 지적 역량을 강화하는 활동이 됩니다.

가이드라인 4

주중 2~3일만 사용한다면, 예체능 활동을 포함해 4~5개 프로그램 이상 참여한다는 것은 물리적으로 어렵습니다. 그런 정도의 제한이 적절합니다. 그리고 4~5개 프로그램의 선택권은 아동에게 주어야 합니다. 부모는 바람직하게 보이는 몇 개 프로그램에 노출시키고, 아동이 흥미를 보이면 하나씩 제공하면 됩니다. 대신 한 달에 1~2개 새로운 프로그램을 발굴하고 노출을 지속하기를 권합니다.

가이드라인 5

이미 4~5개의 프로그램을 참가하고 있는 상태에서도 계속 새로운 프로그램을 탐색합니다. 그리고 아이가 흥미를 표시하면, 현재 참가한 프로그램 중에서 가장 '시시한 것'을 선택하게 하고 대체해주는 과정을 반복해야 합니다. '자기 주도적 학습'은 모든 종류의 사교육을 기피하는 것이 아니며, 아동 스스로 자신에게 적합한 종류의 학습 탐구 활동을 스스로 결정해나가는 태도를 말하는 것입니다. 예체능 활동, 외국어 학습, 한자, 역사, 만들기 등 다양한 프로그램에 노출시키고 흥미를 갖는 활동을 다양하게 체험 체득하는 것이 해롭지 않습니다. 하지만 고지능 아동들은 새로운 콘텐츠의 흡수 속도가 일반 아동에 비해 빠르기 때문에 1가지 프로그램에 고착되는 것보다는 새로운 선생님, 새로운 주제, 새로운 프로그램, 새로운 형식을 통해 신선한 콘텐츠를 접하도록 할 필요가 있습니다. 그 과정은 부모들에게는 다소 부담이 될 수 있지만, 대체로 한 달에 1~2가지 새로운 프로그램을 발굴해서 아이에게 노출하고, 아이가 흥미를 나타내면 기존 프로그램 중에서 신선도가 떨어진 프로그램을 스스로 골라내고 그 결정을 존중해서 계속 다양한 활동을 맛보게 하면 유익합니다.

가이드라인 6

대체로 2년간 이런 새로운 프로그램의 탐색을 지속하면, 일반 동네 학원에서 흡수할 수 있는 것들은 다 섭렵할 수 있습니다. 그다음에는 좀 더 다른 차원의 학습을 추구하게 됩니다. 자기 주도적인 독서와 인터넷 검색을 통해 보다 전문적인 지식을 찾아 나가든지, 성인을 대상으로 하는 프로그램에 참여하려는 시도를 한다든가, 새로운 종류의 지식 커뮤니티를 스스로 조직하려고 노력합니다.

가이드라인 7

마지막으로 '숙제'에 대해서 특히 주의해야 합니다. 숙제는 반복적이어서 이 아이들에게는 도움이 안 되므로, 숙제를 강요해서는 안 됩니다. 철저히 아이의 자율 영역으로 넘겨 놓아야 합니다. 고지능 아동에게 숙제는 불필요한 반복을 다시 한번 강요하는 것이 됩니다. 실제로 비교적 우수한 아동이 꼬박 숙제하고, 고지능 아동이 숙제를 전혀 하지 않아도 학습과 기억 효과는 큰 차이가 나지 않거나 오히려 더 큰 학습 효과가 확인됩니다. 숙제는 반복적인 시간 소모가 되기 때문에 부모와의 갈등 원인이 됩니다. 숙제 문제는 아동 자신의 결정으로 넘겨 놓고, 아예 갈등의 원인을 제거하면 학원 교육을 둘러싼 갈등 요소는 사라집니다. "숙제는 네가 알아서 해라. 필요하다고 생각하는 만큼 해라. 재미있게 할 수 있으면 해라. 할 만하면 해라. 하나도 하지 않아도 된다"라고 온전하게 학습자 자신의 결정으로 선포하고, 실제로 관여하지 않아야 합니다. 학원 쪽에는 "아이가 가서 학습하는 동안, 재미있게 학습하면 족하다. 아이의 성적을 관리하기 위해 보내는 것이 아니니, 숙제 문제로 부모나 아이에게 일체 스트레스가 없으면 좋겠다"라고 말해서 선을 그어야 합니다. 이런 조치를 하면 아동이 학원 출석을 부담 없이 즐겁게 소화하는 것을 확인할 수 있습니다. 그로 인한 학습 손실은 걱정할 필요가 없습니다. '숙제는 반드시 해야 한다'라는 고정 관념은 고지능 아동에게는 설득력이 없습니다. 적어도 학원 숙제로 갈등은 없어야 합니다. 이 아이들에게는 자신이 스스로 과제나 놀이를 선택하고, 몰입할 수 있는 시간과 공간이 중요합니다.

$$(x+y)^n = \sum_{k=0}^{n} {}^nC_k \; x^{n-k} \; y^k \qquad 2x^2 + 3x$$

$$3^0 = 1$$

$$\log_a 1 = 0$$

$$a^2 + b^2$$

$$(x+y)^n =$$

$$\sqrt[3]{-8} = -\sqrt[3]{8} =$$

$$\log_c\left(\frac{a}{b}\right) = \log_c a - \log_c b$$

$$y = ax^2 + bx + c$$

$$k < 0$$

$$\sum_{k=1}^{n} k = \frac{1}{2} n(n+1)$$

$$\pi \approx$$

$$c^2 = a^2 + b^2$$

$$y = kx^2 \; k >$$

$$60°$$

$$30°$$

$$4^{\frac{3}{2}} = \sqrt[2]{4^3}$$

$$\sqrt{2}$$

$$(a-b-c)2 = a2 + b2 + c2 - 2ab + 2bc - 2c$$

$$\sin 30° = \frac{1}{2}$$

$$\sin 45° = \frac{1}{\sqrt{2}}$$

$$\sin 60° = \frac{\sqrt{3}}{2}$$

$$a^b \, a^c = a^{b+c}$$

$$\left(\frac{2}{3}\right)^{-3} = \left(\frac{3}{2}\right)^3$$

3장

자기 주도적 독서 활동이 중요합니다

3장.
자기 주도적 독서 활동이
중요합니다

고지능 아동들은 학교 수업이 매우 지루합니다. 이 아이들에게는 학교의 일반적인 커리큘럼은 빈약한 콘텐츠밖에 안 됩니다. 그렇다고 해서 일반적인 사교육으로 이 문제가 해결되지 않습니다. 사교육은 학원이든, 과외 지도든 학교의 평가에 대해 종속되므로, 지루한 학교 수업의 연장으로 이어질 위험이 있습니다. 더욱이 숙제까지 요구하기 때문에 아이들에게 더 큰 어려움을 가중하게 됩니다.

고지능 아동에게 있어, 학습 주도성은 특히 중요합니다. 교사나 학원의 커리큘럼이 아무리 훌륭해도 아동에게 주도성을 주지 않는다면, 고지능 아동은 학습을 통해 얻을 수 있는 것이 적습니다. 따라서 고지능 아동에게는 일주일 중 하루 정도는 자신이 좋아하는 책을 마음껏 읽을 수 있는 환경과 조건을 만들어주어야 합니다.

집에도 다른 집에 비해 많은 책이 있을 수 있지만, 아무래도 주 양육자의 의도에 따라 종류가 제한됩니다. 수량에도 한계가 있습니다. 수천

수만 권의 책들에 접근할 수 있는 대형 도서관의 개가식 열람실 혹은 대형 서점에 가서 자유롭게 여러 종류의 책에 접근할 수 있도록 해야 합니다. 마치 풀밭에 양을 풀어놓듯이 말입니다. 그래서 양이 이런저런 풀을 뜯고, 꽃을 뜯어 먹기도 하며, 뿌리를 캐 먹기도 하는 것처럼 자유로운 시간과 공간을 제공해야 합니다. 특정 서가에 있는 특정한 책들을 읽게 하려고 생각한다면, 기대했던 효과는 일어나지 않습니다. 어떤 분야의 어떤 책이든 본인이 자유롭게 접근하도록 해야 합니다. 책을 읽는 방법이나 속도 역시 본인 스스로 할 수 있게 해야 합니다. 이런 자율성을 보장하면, 횟수가 거듭될수록 이 프로그램의 효과는 진가를 발휘하게 됩니다. 이 시간을 대단히 좋아하고 즐길 수 있게 됩니다. 그 시간을 기다리고 점차 많은 시간 독서를 즐기게 됩니다.

"우리 집 아이는 책을 좋아하지 않아요"라는 어려움에 대한 완전한 대답이 될 수 있습니다. 고지능 아동들은 마치 개미가 설탕 있는 곳을 쫓아가듯이 다채롭고 풍부한 콘텐츠가 있는 곳을 기막히게 잘 찾아내며, 아주 자연스럽게 그쪽으로 끌려갑니다. 원칙적으로 자율성을 보장해주어야 합니다. 대학 교재를 들여다보는 것도 좋고, 만화책만 탐독하더라도 문제가 되지 않습니다. 열 권의 책을 쌓아 놓고 마치 페이지를 날리듯 마구 넘기면서 보아도 되고, 한 페이지에 눈이 고정되어서 몇십 분을 뚫어지게 보고 있어도 괜찮습니다. 매주 요일을 정해놓고 도서관이나 대형 서점을 정기적으로 방문하고, 아이에게 자유로운 독서 시간을 제공하고, 부모는 근처에서 볼일을 보거나 본인 스스로 독서 시간을 가지면 족합니다. 대체로 횟수가 거듭될수록 도서관에 머무는 시간이 늘어납니다. 늘어나면 늘어나는 대로 계속 시간을 늘려 주어야 합니다. 하루 종일이어도 됩니다. 그래서 '도서관 데이'라고 프로그램 이름을 지은 것입니다. 그날은 학교를 빼주어도 됩니다. 점심 먹고 다시 가도 되고, 근처에서 햄버거로 저녁을 때우고 다시 가도 됩니다. 도서관이나 서점 폐점 시간까지 활용하는 것입니다.

도서관 데이는 그 어떤 학습 프로그램과도 비교할 수 없는 큰 효과가 있습니다. 과정에서 아이의 독서 수준은 상상을 초월할 만큼 확장되고 발달합니다. 문해력과 어휘력은 말할 것도 없고, 깊은 사고력이 형성됩니다. 과학이나 공학 관련 서적이나 도감류만 읽기 시작하면 수과학적인 능력도 늘어나게 됩니다. 대체로 처음에는 학습 만화류로 시작되며, 월간 과학 잡지로 옮겨가면서 우리가 기대하는 수준을 빠른 수준 내에 넘어서게 됩니다.

영재 아동에게 정규 학교 수업에서 공급되지 않는 매우 수준 높고 풍부한 콘텐츠를 제공하게 되며, 아이는 지루한 수업 시간에도 도서관 데이에서 얻게 된 지식과 영감, 상상력을 머릿속에서 되새김질하면서 오히려 수업 시간을 좀 더 잘 관리할 수 있게 됩니다. 그런 효과는 예상치 못한 부수적인 이득이 됩니다.

독서수준

구분	평균적 기준	도전적 기준
12세	어린이 도서	전문 서적
11세	동화책	역사 서적
10세	만화책 혼자 읽기	역사 소설
9세	그림책 혼자 읽기	대하 소설
8세	한글 읽기	소설
7세 전	낱글자 10개	청소년 도서
5세 전	통글자 10개	어린이 도서

　자료의 왼쪽은 일반적인 아동을 기준으로 한 독서 수준이지만, 영재 아동은 훨씬 빠른 독서 수준으로 상향될 수 있습니다.

$$(x+y)^n = \sum_{k=0}^{n} {}^nC_k \, x^{n-k} \, y^k \qquad 2x^2+3x$$

$$3^0 = 1$$

$$a^2+b^2$$

$$\log_a 1 = 0$$

$$(x+y)^n =$$

$$\log_c\left(\frac{a}{b}\right) = \log_c a - \log_c b \qquad \sqrt[3]{-8} = -\sqrt[3]{8}$$

$$y = ax^2 + bx + c$$

$$k<0 \qquad \sum_{k=1}^{n} k = \frac{1}{2}n(n+1)$$

$$\pi \approx$$

$$c^2 = a^2 + b^2 \qquad y = kx^2 \; k$$

$$4^{\frac{3}{2}} = \sqrt[2]{4^3} \qquad \sqrt{2}$$

$$(a-b-c)2 = a2 + b2 + c2 - 2ab + 2bc - 2c$$

$$\sin 30° = \frac{1}{2}$$

$$a^b \, a^c = a^{b+c}$$

$$\sin 45° = \frac{1}{\sqrt{2}}$$

$$\left(\frac{2}{3}\right)^{-3} = \left(\frac{3}{2}\right)^3$$

$$\sin 60° = \frac{\sqrt{3}}{2}$$

4장

행복한 유년 시절은 저절로 만들어지지 않습니다

고지능 아동들은 또래 관계에서 쉽게 급우들과 친해지지는 않습니다. 이 부분은 중요하지만, 부모들은 부담을 느낍니다.

지능지수는 본질적으로 지적 성장의 속도를 보여줍니다. 지수 120이라는 것은 10살이면 12살 정도의 지적 연령을 가진다는 의미가 됩니다. 지수가 130이라면 만 6살만 되어도 7.8살의 지적 연령이 되는 것입니다. 지적 연령의 차이가 2살 전후가 되면, 서로가 불편해집니다. 냉정하게 그 의미를 평가해본다면, 상식적인 주장입니다. 앞서 말했듯 초등학교 3학년 학생이 5학년 교실에서 생활하기 어렵습니다. 마찬가지로 5학년 학생이 3학년 교실에서 생활하기 역시 어렵습니다. 만 10살이 되어 지수 130 전후의 학생은 지적인 성숙도를 평가했을 때, 3살 차이가 생기기 때문에 이미 어려운 국면에 빠지게 됩니다. 1년 정도 조기입학을 할 경우, 또래 관계 형성이 훨씬 원활하게 이루어집니다. 조기입학은 월반에 비해 쉽기 때문에 적극 추천을 드립니다. 또래 관계 형성은 아동의 행복한 유년 시절을 만드는 핵심적인 요소인데, 이런 관계 형성은 지적 수준의 차이가 지나치게 크면 어렵습니다. 그래서 적극적인 조기입학 노력은 이런 어려움을 상당히 경감할 수 있습니다. 그렇지 않은 경우에는 지수 125 정도 이상의 친구들이 친밀도를 가지고 4~5명이 그룹을 이루도록 배려해주어야 합니다. 그러나 실제로 같은 학교의 같은 학생 사이에서 이런 지수를 가진 친구들을 4~5명 모으기 어렵습니다. 따라서 이든 커뮤니티와 같은 곳에서 그런 그룹이 형성될 수 있도록 배려해주어야 합니다.

친구 1명은 사귀기가 어렵지 않을 수도 있는데, 친구 1명은 그 자체로 다소 리스크가 있습니다. 친구 1명은 다른 또래와는 비교하기 어려울 만큼 상호작용이 활발하고, 친밀도를 가질 수 있지만, 상황 변경으로 그 친구를 만나기 어려워지면, 이는 상당한 심리적인 타격이 될 수 있습니다. 경우에 따라 다투기도 합니다. 승부욕이 강해서 지는 상황을 격하게 싫어할 수도 있고, 부모의 문제를 연유로 관계 단절이 일어날 수도 있습니다. 가장의 해외 파견 근무가 있을 수 있습니다. 가족이 먼 지역으로 이사할 수 있습니다. 따라서 4~5명 정도의 그룹이 형성되어야 1~2명의 사정 변화가 일어나도 아이의 정서적 교류가 이어질 수 있습니다.

센터의 프로그램은 이런 깐부 그룹을 형성시키는 계기가 되기 위한 것입니다. 그런 프로그램을 활용한다고 하더라도 깐부 그룹이 형성되기까지 상당한 기간이 필요합니다. 최소 6개월에서 1년이 걸린다고 볼 수 있습니다. 가족들이 모두 그런 필요성에 대해 절실한 필요를 느껴야 합니다. 그룹이 형성되면 이런 특성을 가진 친구들은 학교 친구들과는 달리 매우 격렬한 상호작용이 일어나게 되며, 아이들은 그런 친구들과의 시간을 소중하게 여기게 됩니다. 그룹 활동은 일주일에 한 번 정도는 되어야 합니다. 매일 만날 수 있는 기회가 있는 것이 아니므로, 시간은 충분히 길어야 합니다. 일주일의 하루는 온종일 친구들과 놀이를 할 수 있도록 해야 합니다.

이런 시간은 놀이에 그치지 않습니다. 격렬한 상호 작용을 통해 그 자체로 훌륭한 학습 활동이 됩니다. 카드놀이, 테이블 게임, 온갖 종류의 놀이를 할 수 있지만, 이 아이들은 끝없는 말싸움을 즐깁니다. 그 과정을 통해 이들은 언어적인 이해력과 표현력을 키우게 되며, 지식을 공유하게 됩니다. 그리고 강력한 동기 유발을 경험합니다. 부모나 어른들이 아무리 권유해도 새로운 학습 활동을 받아들이지 않는 아이들이 있습니다. 그런 아이들도 그룹 친구가 하는 것을 보면, 아주 쉽게 시작하게 되며, 하고 싶다는 마음을 가집니다.

네이버 카페를 기반으로 해서 형성된 고지능 아동들의 가족 커뮤니티는 이런 깐부 모임을 만들 수 있는 좋은 네트워크가 됩니다. 고지능 아이들에게는 나이만 같아서는 서로에게 친구가 될 수 없습니다. 아이들이 가진 독특한 특성이 어느 정도 맞아야만 '진정한 또래(True Peers)'가 될 수 있습니다. 지능지수만 비슷하다고 좋은 깐부가 되는 게 아닙니다. 하지만 최상위 2~3%의 아이들은 지적 특성이 뚜렷합니다. 이런 아이들끼리 모아준다는 것이 중요합니다. 커뮤니티에서 시도했던 많은 프로그램 중에서 가장 성공적인 것은 가족 페스티벌이었습니다. 수도권 인근 가족

리조트를 정해서 가족들이 객실을 하나 예약해서 1박 2일 혹은 2박 3일의 여행을 합니다. 이때 연회장을 빌려 아이들이 서로 어울릴 수 있는 기회를 제공합니다.

2023 커뮤니티 이든 패밀리 페스티벌

큰 원형 테이블에 두세 가족이 모여 앉고, 아이들이 집에서 놀던 놀이 아이템들을 전시합니다. 부모님들은 자리를 지키고, 아이들은 옆 테이블로 가서 다양한 아이템들을 구경하면서 자신과 같은 취향을 가진 친구들을 탐색합니다. 사진에서 보듯 다양한 아이템들이 등장합니다.

아이들의 다양한 놀이 아이템

　신청받아 공연을 펼치기도 하고, 즉흥적으로 게임 상대를 만나기도

합니다.

공연과 게임

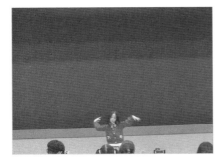

$$(x+y)^n = \sum_{k=0}^{n} {}^nC_k \ x^{n-k} \ y^k \qquad 2x^2+3x$$

$$3^0 = 1$$

$$a^2+b^2$$

$$Log_a 1 = 0$$

r

$$(x+y)^n =$$

$$2\pi \qquad -\frac{3\pi}{2}$$

$$Log_c\left(\frac{a}{b}\right) = Log_c a - Log_c b$$

$$\sqrt[3]{-8} = -\sqrt[3]{8}$$

$$y = ax^2 + bx + c$$

$$k<0 \qquad \sum_{k=1}^{n} k = \frac{1}{2}n(n+1) \qquad \pi \approx$$

B

$$y = kx^2 \ k$$

$$60°$$

$$c^2 = a^2 + b^2$$

$$30°$$

A

C

$$4^{\frac{3}{2}} = \sqrt[2]{4^3}$$

$$\sqrt{2}$$

$$(a-b-c)2 = a2 + b2 + c2 - 2ab + 2bc - 2c$$

$$\sin 30° = \frac{1}{2}$$

$$a^b \ a^c = a^{b+c}$$

B

C

$$\sin 45° = \frac{1}{\sqrt{2}}$$

$$\left(\frac{2}{3}\right)^{-3} = \left(\frac{3}{2}\right)^3$$

$$\sin 60° = \frac{\sqrt{3}}{2}$$

A

5장

만 4~5세 이전에 한 번 지능 평가를 해야 합니다

5장.
만 4~5세 이전에 한 번
지능 평가를 해야 합니다

아이에게 몇 가지 영재성이 엿보인다면, 객관적인 지능 평가를 통해 조기입학의 필요성을 확인해야 합니다. 아이가 영재성을 가지고 있는지 검사를 받기에 앞서 부모가 점검해볼 수 있는 샐리 양키 워커 (Sally Yahnke Walker) 박사의 영재 자가 진단법이 부록에 소개되어 있습니다. 이것을 토대로 어느 정도 영재성이 감지된다면, 주저하지 말고 지능 평가를 해보길 강력히 추천합니

GES영재교육센터의 모바일 화면

다. 인터넷 검색으로 쉽게 지능 평가를 받아 볼 수 있는 곳을 찾아볼 수 있습니다. gescenter.org에서 신청하실 수 있습니다.

지수 125 정도까지는 제 나이에 입학해도 큰 문제가 없으나 125 이상의 지수로 평가된다면, 조기입학을 통해 상당히 많은 문제를 예방하거나 완화할 수 있습니다. 고지능 영재 아동이 학교생활에서 겪게 되는 2가지 어려움은 커리큘럼의 부적합성과 또래 관계 형성의 어려움입니다. 특별 학급이나 특별 학교가 대응 방안이 될 수 있으나, 실제로는 상당한 한계를 보입니다. 학자들이 적극적으로 권유하는 대응책은 학교 수업의 재조정입니다. 큰 그림에서 조기입학, 조기졸업, 월반, 특별반 참여를 포함합니다.

특별 수업은 효과가 제한적입니다. 특별 수업이 고지능 아동에게 매우 지루하고 무익한 정규 과정을 대체하는 것이 아니라, 부가적으로 진행되며, 대개의 경우, 일주일 혹은 이주일에 한 번 정도만 제공되는 경우가 많습니다.

현실적으로 월반은 제도상 대단히 어려운 과정을 겪어야 합니다. 1~2가지 월반이 성공한 사례가 있긴 하지만, 진행되는 과정이 매우 번거롭고, 학교나 교우들로부터 지나치게 눈에 띄는 절차가 됩니다. 불필요한 관심과 교란이 일어날 수도 있습니다. 상대적으로 조기졸업은 쉽습니다. 조기졸업을 하는 경우에는 1년 정도 학교를 일찍 떠나고, 새로운 학교로 진급하기 때문에 비교적 원활한 진행이 이루어집니다. 하지만 조기입학은 대단히 간단합니다.

유치원, 어린이집에서 1~2년 정도 월반하는 일은 드물지 않으며, 원을 운영하는 사람들 입장에서도 아이가 교실에서 적응을 잘하는 모습을 보고 크게 저항감이 있지 않습니다. 그럼에도 같은 원에서 월반을 시도할 경우, 어려움이 발생하는 사례가 많습니다. 유아 교육 기관에서 월반하는 경우에는 기관을 옮기는 것이 좋습니다. 따라서 학기 혹은 학년이 바뀔 때 미리 월반을 수용하는 기관을 알아보고 진행하면 됩니다. 아이가 자기 나이보다 1~2년 많은 원생들과 생활을 시작하면, 자기 나이의 아랫반으로 돌아가는 일은 실제로는 어렵습니다. 미취학 어린이들에게 1년 정도의 차이가 상당히 크고, 일단 자기보다 1~2살 위 연배의 동료들과 한두 달만 생활해도, 자기 또래의 아이들은 매우 어리고, 조절이 안 된다는 것을 느끼기 때문에 다시 돌아가는 일은 거의 일어나지 않습니다. 일단 반이 조정되면, 새로 같은 또래로 어울린 아이들과 같이 초등학교를 입학하는 것이 자연스럽고, 만족스러운 결과를 얻게 됩니다. 그리고 그런 절차는 대단히 쉽습니다.

예를 들어 2019년 아동들은 2026년에 초등학교에 입학하게 됩니다. 2019년생이라도 2024년 10월에서 12월 사이에 주민센터에 가서 '조기입학 신청서'를 작성해 제출하면, 며칠 이내에 '취학통지서'를 받게 됩니다. 2025년 2월경 취학통지서를 제시하면, 어느 초등학교든 등록이 가능합니다. 인근 초등학교에 배정되어 예비소집일에 학교에 모이도록 안내받습니다. 신청서를 제출하고 등록되는 과정에서, 혹은 취학통지서를 가지고 초등학교에 등록하는 과정에서 특별한 절차나 귀찮은 질문을 받지도 않습니다. 대개의 경우 그렇습니다. 행정관서에서는 학교가 조기입학에 대해 알아서 대응할 것으로 알고 있고, 학교에서는 행정관서에서 취학통지서를 발송했으면, 문제될 사항이 없는 것으로 이해합니다.

취학아동명부 작성

읍·면·동장은 10월 1일 현재 관내에 거주하는 아동 중 초등학교 취학 대상자를 조사해 10월 31일까지 취학아동명부 작성

읍·면·동장은 취학아동명부를 작성한 후 10일 이상의 기간을 정해 아동의 보호자가 열람할 수 있도록 조치

10월 1일(취학아동명부 작성기준일) 이후에도 취학 대상 아동이 관내로 전입하는 경우 지체 없이 취학아동명부에 등재

조기입학·입학연기 신청

학부모는 입학 적령기 1년 전후로 자녀의 발육상태 등 개인차에 따라 입학시기를 선택해 10월 1일부터 12월 31일까지 읍·면·동장에게 신청

입학기일 및 통학구역 설정

교육장은 매년 다음 해 취학할 아동의 입학기일과 통학구역을 결정하고, 11월 30일까지 읍·면·동장에게 통보

취학통지

읍·면·동장은 입학할 학교를 지정하고, 입학기일을 명시해 12월 20일까지 취학아동의 보호자에게 취학 통지(학교장에게도 통보)

국립·사립초등학교장은 신입생 모집공고, 원서접수, 추첨 등을 거쳐 신학년도 입학 허가자를 결정하고 허가자 명부를 12월 10일까지 읍·면·동장에게 통보

예비소집

학교장은 학사일정을 고려해 예비소집 실시
– 예비소집을 통해 입학 관련 준비, 학교 소개 등

초등학교 조기입학 신청서

취학통지서

원본확인번호

취 학 통 지 서
(학교제출용)

주 소	서울특별시	
보호자 성명		
취학아동성명		
주민등록번호		
취 학 학 교		
예비소집일시	20 년 1월 8일 14:00	
입 학 일 시	20 년 3월 4일 11:00	
등 록 기 간		

**위 아동은 초·중등 교육법 제13조에 의하여 아래 학교에 배정
되었사오니 소정일시에 등교 취학시키기 바랍니다.**

20 년 12월 03일

※ 주의사항

1) 특별한 이유없이 기일내에 취학하지 않을 때에는 초·중등교육법 제68조에 의하여 보호자는 처벌을
받게 됩니다.

2) 학력아동이 불구·폐질·병약·발육불안전 또는 기타 부득이한 사유로 인하여 취학이 불가능할시는 유
예 또는 면제신청을 할 수 있습니다.

3) 입학 당일에는 반드시 본 취학통지서를 지정한 학교에 제시하여야만 입학수속이 됩니다.

※ 본 문서는 인터넷으로 발행되었으며, 서울시청 홈페이지(minwon.seoul.go.kr)에

냉정하게 보면, 이런 절차가 없어도 조기입학은 별 무리 없이 진행된
사례가 많습니다. 원하는 해 3월에, 초등학교에 가서 입학 등록을 요구
해서 입학한 사례가 꽤 많습니다. 이런 절차는 교육청에서 필요한 지원

금 예산 확보를 위해, 학교 지원금 수요 조사의 성격이 더 강합니다. 입학 등록을 학교가 수용하면 절차상 큰 문제가 없는 것으로 이해합니다. 단지, 공무원이나 학교 관계자들은 이런 서류를 제출하면 번거로운 확인 절차 없이 일을 순조롭게 진행할 수 있습니다.

취학통지서는 일반적으로 주민센터에서 발송해주지만, 온라인으로 발급받는 것도 가능합니다. 반드시 입학 절차를 받으라고 적혀 있지만, 3월에 마음을 바꾸어 입학하지 않아도 내년에 보내겠다고 통보만 해주면 큰 문제가 되지 않습니다. 학령상으로 1년 늦춰서 입학시키려 한다면 유예 신청을 해야 합니다.

조기입학이 매우 쉽고 효과 면에서는 얻는 것이 상당히 크지만, 일선 교사들은 그릇된 편견을 가지는 경우가 많습니다. 그런 편견은 우리나라만의 경우는 아니고, 일반적으로 거의 모든 나라에서 교사들은 학령을 벗어난 수업은 불편하다고 주장합니다. 하지만 실제로는 근거 없는 주장입니다. 세계적으로 학급 재조정의 효과에 대한 논문들이 300여 편 발표되었는데, 한결같이 재조정이 매우 큰 효과를 얻는다는 결론을 제시합니다. 조기입학, 졸업, 월반의 사례가 많지 않고, 긍정적, 부정적 결과를 확인하기 위해서는 수년간의 추적 조사가 필요하기 때문에 학자들은 상당히 넓은 지역에서 필요한 숫자의 사례를 수집해야 되고, 장기간 연구해야 합니다. 결론은 재조정한 아동들이 학업 성취, 교우 관계, 교사로부터의 평가, 또래로부터의 평가, 12학년 졸업 시점에서의 학업 성취도, 대학 진학 결과에서 월등히 좋은 효과를 보았습니다. 객관적으로 확인할 수 있었습니다. 그중에서도 리더십이 강하게 촉진된다는 점이 흥미롭습니다. 그럼에도 불구하고, 일선 교사들이 부정적인 견해를 보이는 이유는 명시적으로 드러나지는 않습니다. 학교와 교사에게 부가적인 부담이 발생한다는 편견 때문인 것으로 추정하고 있습니다.

속진에 관한 템플턴 보고서

출처 : John Templeton Foundation 2008 report

축약하면, 교사와 학교에 대해서는 다소 부담이 발생할 수 있지만, 학생에게는 대단히 큰 유익이 있다는 것입니다. 연구 결과가 다수 있으며, 권위 있는 학자들의 주장임에도 일선 현장에서 학습 재조정이 잘 이루어지지 않는 문제가 발생하고 있습니다. 이런 연구를 주도했던 학자들은 '기만 당한 국가'라는 다소 자극적인 제목의 자료집을 발간하고, 웹사이트를 운영하며, 교육 정책 당국의 주의를 환기시키려는 노력을 하고 있습니다.

　지수 125 정도 이상의 아동은 1년 정도의 조기입학을 강력히 권고합니다. 만 6살에서 10살을 기준으로 할 때, 고지능 아동은 1.5살에서 2.5살까지의 지적 발달이 앞서 있는 상태입니다. 대체로 1~2살 정도의 지적 연령의 차이가 나타나면, 서로 소통의 불편을 느끼게 됩니다. 빠른 아이는 상대에게 답답함, 한심함을 느끼게 되고, 느린 아이는 상대에게 무시당하는 느낌, 자신이 상대의 이야기를 제대로 이해하지 못하고 있다는 단절을 느끼게 됩니다. 결국 1학년에서부터 교우 관계에 제약이 발생합니다. 진급할수록 고지능 아동은 자신과 소통이 되는 아이들이 매우 빠르게 줄어들고 있다는 것을 감지합니다. 최소한의 소통이 가능한 아이가 반에서 1~2명, 혹은 2~3명으로 줄게 되며, 동성의 급우는 1명밖에 없는 상황이 될 수 있습니다. 상대적으로 그 급우는 위와 아래로 1~2살 사이에 있는 친구들이 4~5명 이상 되기 때문에 고지능 영재 아동이 자신과 단둘이 놀이하자고 하는 요구를 이해할 수 없습니다.

　만약 고지능 영재아와 반대쪽에 있는 4~5명 급우들 중 한쪽을 선택해야 한다면, 급우는 반대쪽에 있는 다수 급우 쪽을 선택합니다. 급우 30명 모두와 사귈 필요는 없으며, 재미있게 어울릴 수 있는 4~5명 정도면 교우 관계를 발달시키기에 충분한 조건이 됩니다. 1명의 다소 버거운 친구보다는 자신이 주도권을 행사할 수 있는 4~5명의 친구들과 어울리는 것을 선호하는 것은 당연한 선택입니다. 고지능 아동이 1년 정도 조기입학을 하게 되면, 적어도 초등 저학년 동안은 유리한 위치에서 교우 관계를 가질 수 있게 되는 것입니다. 조기입학을 반대하는 사람들이 흔히 내세우는 '사회성 발달'의 문제는 오히려 고지능 아동이 자신의 신체적 나이에 입학하는 경우 생기는 문제이며, 조기입학을 하는 경우 상당히 완화됩니다.

아동의 성장 요소는 크게 신체적 발달(Physical Development)과 지적 발달(Intelligence Development)이 주요한 요소이긴 하지만, 그 이외에도 정서적 요소(emotional D.), 감성적 요소(Sensual D.), 사회적 요소(Social D.)도 있습니다. 신체적 발달은 눈에 보이기는 하지만, 같은 연령대에서는 그 편차가 크지 않습니다. 신체 발육이 느리거나 빨라도 키가 2배 되거나, 반밖에 자라지 않는 정도는 아닙니다. 흔히 '머리 하나 정도 크다' 혹은 '머리 하나 정도 작다'라고 합니다. 그에 비해 지적 발달 요소는 눈에 보이지는 않지만, 편차가 상당히 크게 나타납니다. 정서적, 감성적, 사회적 발달 요소는 전반적으로 신체 발달보다는 지적 발달에 의해 영향을 받습니다.

정서, 감성, 사회성 발달에 있어 지적 발달보다 더 큰 발달 자극은 아동이 같이 생활하는 집단(급우 집단)의 영향입니다. 따라서 1년 정도 앞의 아동들과 생활하면, 아이는 대체로 한 달 정도면 모두 요소에서 보다 성장할 수 있는 자극과 동기 유발을 얻게 됩니다. 20~30명 내외의 그룹 속에는 매우 성장이 빠른 아이와 느린 아이가 섞여 있게 마련입니다. 아이들은 그중 가장 어른스러운 말을 하고, 그런 태도를 보이는 친구를 모델로 삼게 됩니다. 전반적으로 혼자 자란 아이들보다는 주변에 또래 아이들이 많은 아이들이 그만큼 성장할 수 있습니다. 고지능 아동의 경우에는 또래 집단 속에서는 모델을 찾기 어렵고, 스스로가 급우들의 모델이 되어야 하는데, 신체적으로는 오히려 어린 모습을 가진 경우가 많습니다. 그럴 경우, 급우들의 모델로서의 위치가 확고해지지 않게 됩니다. 미취학 기관에서의 1년 정도의 월반, 그리고 초등학교의 조기입학은 이런 문제를 해소합니다. 조기입학한 아동은 정서적, 사회적, 감성적 성장을 도모할 수 있는 모델을 쉽게 찾게 되며, 몇 년 후에는 급우들 사이에서 스스로가 성장 모델로 자리 잡게 됩니다.

조기입학과 관련해 네이버 카페 '이든'에 이런 글이 올라왔습니다.

> 지능지수가 학업 성취도와 높은 상관관계가 있다고 하는데, 지능지수는 같은 월령 기준이니까 1%가 나왔다고 하더라도 조기입학을 하게 되면 1살 많은 아이들 속에서는 2~10% 이상이 되지 않을까요? 중고등학교에 가게 되면 반에서 2~3등이 1등 따라잡기가 참 힘이 들 텐데, 괜히 학교를 일찍 보내 아이를 힘든 경쟁 상황에 놓이게 할까 봐 걱정됩니다.

> 요즘 한국 교육 상황에서 선행을 하지 않고 교육하기 쉽지 않고, 초등학교부터 의대반이 있을 정도로 몇 년씩 선행을 한다던데 … 이렇게 1~2년이 아니라 몇 년을 선행을 해야 하는 환경이라면, 조기입학을 해서 같은 학년의 다른 아이들에 비해 처지게 될까 봐 두렵습니다. (아이

가 혹시 이런 탑클래스반에 들어가고 싶어 하는데, 못 들어가면 조기입학을 시킨 엄마를 원망하지 않을까요? ㅠㅠ) 선생님께서 학습재조정이 유익하다는 논문이 많이 있다고 하셨는데 혹시 이는 선행이 일반화 되어 있지 않은 해외 사례가 아닌지 … 한국의 학군지처럼 유례없는 선행을 하는 교육환경이 전 세계적으로 찾기 어렵기에 이러한 해외 사례들을 믿고 조기입학을 시켜도 될지 고민이 됩니다. 짧게 줄이면 고학년 이후 학업 경쟁력이 부족하지 않을까 하는 염려입니다.

이 질문에 대해 다음과 같은 답변을 드렸습니다.

결론을 말씀드리면 학업 경쟁력도 훨씬 유리합니다. 저의 일방적 주장이 아니라 학자들의 장기 추적 연구 결과가 그렇습니다.

지능지수에 따른 인지 발달 속도

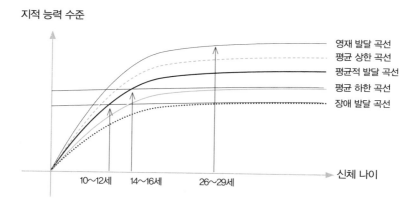

사람들의 지적 능력 발달은 20대 후반까지 이어지며, 그 이후에는 모든 지적 능력이 잘 변하지 않고 유지됩니다. 아주 초고령이 되어도 건강에만 문제가 없으면 같은 수준이 유지된다는 것은 여러 차례 검증이 된 바입니다. 그래프를 보시면 장애 발달 곡선이 IQ 70 정도 되는 사람의 지적 능력은 성인이 되어도 10~12세 수준에 머물게 됩니다. 실제로 일상생활 속에서의 생존이 혼자서는 어려운 수준입니다. 이런 이들도 전체 인구 중 2% 정도는 존재합니다.

　평균 하한이라고 표시된 곡선은 IQ 85 정도를 나타냅니다. 대략 전체 인구 중 12~14% 정도입니다. 대체로 6~7명 중 하나가 되며, 경계선 지능을 가진 인구 집단입니다. 적지 않은 숫자의 사람들이 섞여서 삽니다. 이들은 장애 판정을 받지는 않지만, 꽤 어렵습니다. 지적 역량이 중학생에서 고등학교 1학년 수준밖에 성장하지 않기 때문에 역시 생활 경쟁력이 대단히 취약합니다. 장애 판정을 받을 정도는 아니기 때문에 사회적으로 배려받지도 못합니다. 이런 친구들은 초등학생이어도 1~2년 또는 2~3년 이상 평균적인 집단에 비해 느리기 때문에 어차피 학업 경쟁 대열에는 참가하지 못하는 것이 냉정한 현실입니다. 교실 안에서의 학생들 사이의 심리적 역학 관계에는 여러 가지 영향을 주게 됩니다. 이런 친구들은 사립이나 학군지 학교에는 없을 것이라고 짐작하겠지만, 실제로는 그렇지 않습니다. 이런 친구들은 마치 투명 인간처럼 자기 자신을 잘 드러내지 않기 때문에 '그런 애들이 어디 있어?'라고 생각하겠지만, 6~7명 중 하나 정도는 어느 지역, 어느 학교에나 있기 마련입니다.

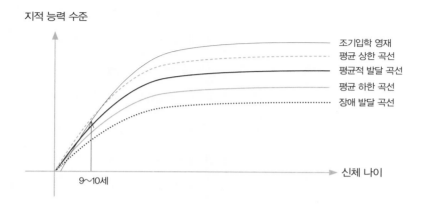

지능지수에 따른 연령별 인지 발달 곡선

지적 능력 수준

조기입학 영재
평균 상한 곡선
평균적 발달 곡선
평균 하한 곡선
장애 발달 곡선

9~10세

신체 나이

　이제는 우수한 집단과 1년 정도 조기입학한 영재(지수로는 125 정도 이상)
의 발달 곡선을 연관시켜 분석해봅니다. 지수 125는 평균적인 학생들보
다 25% 정도 빠른 발달, 지수 130은 평균적인 학생들보다 30% 빠른 발
달, 지수 140은 40% 빠른 발달을 의미합니다. 따라서 1년 정도의 조기입
학은 학생들 사이에서의 학업 경쟁력에서 이렇다 할 변화를 만들지 못한
다는 것을 보여줍니다. 영재 발달 곡선(조기입학 영재)을 1년쯤 오른쪽으로
이동시켜 놓았지만, 대세에 이렇다 할 변화를 주지는 못합니다. 수업의
지루함, 교우 관계가 형성될 가능성과 폭에서는 매우 큰 유리함이 생겨
나지만, 초등 고학년 이후의 학업 경쟁력에는 큰 변화를 만들지 못합니
다. 자세히 보시면 지수 125~130을 기준으로 9~10살, 학년으로는 4~5
학년 정도에서 평균 상한 곡선(지수 115, 상위 14%)을 크로스해서 넘어서는
것을 보실 수 있습니다. 초등학교에서 성적을 공개하지는 않지만, 그 정

도 학년이면 아이가 학급과 전교에서 최상위권으로 자연스럽게 진입하게 되며, 중학교에 가면 확고히 자리를 잡습니다.

중학교에서는 어차피 지수 120 이상의 학교에서 몇 명 되지 않는 전교 순위권 10명 이내의 친구들과 경쟁을 벌이는 상황이 됩니다. 그런데 막상 실제로 만만치 않은 상대가 될 친구는 지수 125~130 이상의 2~3명밖에는 없습니다. 그런 아이들은 조기입학을 하지 않았을 것이며, 조기입학 하지 않은 상위 5% 이상의 영재 학생들은 이미 학교생활 부적응 현상으로 고통을 당하고 있을 가능성이 농후합니다. 결론적으로 경쟁자가 없는 상황이 됩니다. 잠재적인 경쟁자가 너무 막강할까 걱정할 일이 아니라, 중학생이 되면 마땅한 경쟁자가 없기 때문에 학습 의욕을 잃게 되지 않을까 걱정하는 것이 맞습니다. 그래서 또 학원을 쫓아가는 이유가 되지만, 학원에서의 경쟁자들은 진짜 영재라기보다는 기출 문제에 훈련된 번아웃 예정의 수재들일 가능성이 큽니다. 학업 경쟁력의 추월 상황을 좀 더 자세히 들여다보면 다음과 같습니다.

1년 정도 조기입학을 하더라도 125~130 사이의 고지능 아동은 이미 6살 입학 아동들의 평균 발달 수준은 상회하고, 최상위 10% 수준에 가까운 상태가 됩니다. 입학 시기부터 고지능 아동은 자기보다 이미 성숙한 급우 중에서 자신의 롤모델 혹은 잠재적 라이벌을 발견하고, 그들을 의식하며, 그 아이들의 언어 사용, 행동 방식을 보면서 성장이 촉진됩니다. 한 학기에서 두 학기 정도가 되면 평균 상한 곡선(지수 115, 상위 16% 전후)을 돌파하고, 빠르게 최상위권(상위 5~10%)에 도달합니다. 이러한 발달 속

인지 발달 속도의 변화

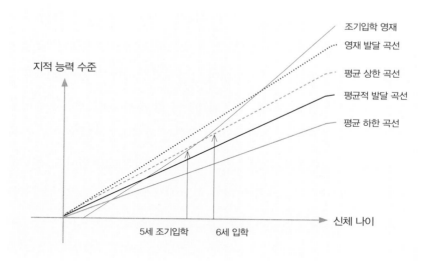

도는 최상위권에 도달한다고 해서 느려지지 않습니다. 오히려 자신이 잠
재적 라이벌로 의식했던 성숙한 아동들의 능력을 추월해 나가는 것을 어
렴풋하게나마 의식하면서, 좀 더 높은 수준의 잠재 라이벌을 탐색합니
다. 경우에 따라서 책이나 위인전의 인물을 자신의 롤모델이나 경쟁 대
상으로 삼는 듯한 말이나 행동을 보이기 시작합니다. 결과적으로는 제
나이에 입학한 다른 고지능 영재들의 발달 곡선보다도 더 높은 수준의
발달을 이어가게 될 가능성이 농후합니다.

　고지능 영재 아동들이 겪게 되는 3가지 어려움을 너무 가볍게 보면 안
됩니다. 20% 정도의 차이는 아이를 학업에 대해 자신감을 갖게 하고, 급
우들을 주도해나가는 자신감을 주지만, 25~30% 정도의 차이는 아이들

을 견딜 수 없을 만큼 지루하게 만듭니다. 학교생활이 시작되면 가장 중요한 일과가 학급 수업인데, 그 모든 시간들이 배우는 것은 빈약한 상태에서 끊임없이 급우들과 수업 진도가 느릿느릿 진행되는 것을 끝도 없이 기다려야 하는 상황이 됩니다. 이것이 아이에게 얼마나 고통스럽고, 무의미한 시간 낭비처럼 느껴질지 생각해보아야 합니다. 그런 아이라도 학원에서 기출 문제를 끝없이 풀면서 아이의 학업 경쟁력을 지속적으로 강화시킬 것이라는 막연한 생각은 순진하다 못해 한심한 수준입니다. 생각해보면 알 수 있지만, 부모조차 아이가 학교에서 느끼는 무료감, 무력감을 실제로 경험해보지 못한다면 그런 생각을 하지 못합니다. 아이는 공부하는 기계가 될 수 없습니다. 그렇게 기계 같이 공부하는 아이들이 무수히 많다고 생각하지만, 그것은 허상입니다. 그저 학원 강사와 학부모에게 지속적인 기출 문제 풀기를 강요당하면서 귀중한 유년 시절을 박탈당하고 있는 무력한 존재들일 뿐입니다.

$$(x+y)^n = \sum_{k=0}^{n} {}^nC_k \, x^{n-k} \, y^k \qquad 2x^2+3x-$$

$$3^0 = 1 \qquad a^2+b^2$$

$$\log_a 1 = 0 \qquad (x+y)^n =$$

$$2\pi \qquad -\frac{3\pi}{2}$$

$$\sqrt[3]{-8} = -\sqrt[3]{8}$$

$$\log_c\left(\frac{a}{b}\right) = \log_c a - \log_c b$$

$$y = ax^2 + bx + c$$

$$k<0 \qquad \sum_{k=1}^{n} k = \frac{1}{2}n(n+1) \qquad \pi \approx$$

$$y = kx^2 \; k$$

$$c^2 = a^2 + b^2$$

$60°$

$30°$

$$4^{\frac{3}{2}} = \sqrt[2]{4^3}$$

$$\sqrt{2}$$

$$(a-b-c)2 = a2 + b2 + c2 - 2ab + 2bc - 2c$$

$$\sin 30° = \frac{1}{2}$$

$$\sin 45° = \frac{1}{\sqrt{2}}$$

$$\sin 60° = \frac{\sqrt{3}}{2}$$

$$a^b a^c = a^{b+c}$$

$$\left(\frac{2}{3}\right)^{-3} = \left(\frac{3}{2}\right)^3$$

6장

조기입학을 하지 못했다면 어떻게 대처해야 하나요?

6장.
조기입학을 하지 못했다면
어떻게 대처해야 하나요?

 학문적으로는 고지능 아동에게는 조기입학이 뚜렷하게 긍정적인 환경 제공을 해주는 것이 명확합니다. 그럼에도 실제로 조기입학을 감행하는 고지능 아동의 부모는 많지 않습니다. 그런 기회를 놓쳤다면, 다른 방법들을 동원해야 합니다. 결국 1장에서 제시한 3가지 어려움에 맞춰 대응해나간다면 어려움을 극복하는 것도 가능합니다.

 영재 아동들은 자신의 지적 특성이 일반적이고, 평균적인 또래 아이들과 자신이 무언가 다르다는 것은 인지하지만, 얼마나 차이가 있는지 잘 모릅니다. 영재 아동이라고 해서 또래와의 관계를 처음부터 싫어하지는 않습니다. 일정한 연령까지는 매우 잘 지내는 경우도 있습니다. 하지만 지적 성장 속도가 빠르다 보니 어느 틈엔가 또래 관계가 원활하지 못하고, 점차 어려움을 겪게 되는 사례가 발생합니다. 고지능 아동들의 학업 경쟁력은 지속적으로 자라납니다. 아이들의 정서적인 문제가 커지면서 지적 성장도 지장이 생깁니다. 따라서 영재 양육에 있어서 최우선 순위는

4장에서 설명한 깐부 그룹 만들어주기와 특별한 깐부 모임의 활동입니다. 깐부 그룹 만들기도 쉽지 않습니다. 어렵사리 친한 비교적 비슷한 지적 특성을 공유하는 4~5명의 그룹이 형성되었다면, 그런 그룹이 지속적으로 어울리면서 여러 가지 활동과 생활을 공유할 수 있도록 시간을 조정해주어야 합니다.

영재 아동 그룹은 일반 아동 모임과는 다소 다릅니다. 한번 활동이 시작되면 어느 정도의 만족감을 얻기까지 상당한 시간이 필요합니다. 20~30분 혹은 1~2시간의 활동으로는 만족하지 못합니다. 3~4시간, 혹은 종일, 때에 따라서는 하룻밤을 지새우는 파자마 파티 수준으로 연장됩니다. 일반적인 초등학생 이하의 아동들은 그만한 강도의 놀이 활동을 견디지 못합니다. 신체적으로, 정신적으로 피로를 느낄 정도가 되어야 이 아이들은 '좀 놀았어'가 됩니다. 그러다 보니 처음부터 온종일 어울릴 수도 있도록 시간을 조율할 필요가 있습니다. 이것 역시 아이마다 다소 차이가 있을 수 있기 때문에 다소 융통성 있는 일정을 염두에 두는 것이 좋습니다. 하지만 이런 놀이 활동을 영재 교육 혹은 양육에 있어서는 최우선 순위로 두어야 합니다. 듣기에 따라서 완전히 놀자 판이라고 느껴질 수 있지만, 깐부 활동이 최우선 순위가 되지 못하면 영재 아동들이 장차 겪게 되는 정서적 불안정이라는 큰 대가를 치르게 됩니다.

깐부 활동이 최우선 순위를 가진다면, 두 번째 우선 순위는 3장에서 설명한 '도서관 데이'라고 할 수 있습니다. 어떤 학원 프로그램이나 과외 수업보다도 자기 주도적인 독서 활동을 능가하는 학습 효율을 가지게 할 수 없습니다. 영재 아동은 자신의 선택이 존중되었을 때, 진정한 영재성을 꽃피우게 됩니다. 절대로 어른들, 부모들의 선택으로 강제되는 영역에서 영재성을 완벽히 개발하기는 어렵습니다. 그러려면 부모는 아동 스스로 가장 적합한 자신의 영역을 찾아가게 될 것이라는 깊은 믿음을 가져야 합니다. 자신에게 가장 적합하고 미래에 가장 기회가 많은 분야에 대한 탐색활동이 자기 주도적인 독서 활동을 통해 활성화됩니다. 따라서 '도서관데이'는 제목은 도서관이지만, 신간 서적들이 수천수만 권이 쌓여 있는 대형 서점이 좀 더 좋은 환경이 됩니다. 부모들은 아이에게 간접적인 영향을 주면서 아이의 선택을 유도할 수 있는데, 그런 유도 활동은 아이에게는 들키지 않을 정도로 신중해야 합니다.

세 번째 우선 순위는 가족 행사와 가족 활동, 여행, 공연 관람, 놀이공원, 맛집 체험 같은 것들입니다. 종합적으로 볼 때, 깐부 활동을 하거나 책에 심취해 있거나, 가족 여행이나 행사를 짤 때, 학원 일정에 지장을 받아서는 안 됩니다. 사교육 활동은 철저히 우리가 구매한 서비스일 뿐입니다. 납부한 학원비가 아까워서 훨씬 우선 순위가 높은 3가지 활동에 제약받게 된다면 우선 순위가 뒤바뀐 것이 됩니다. 따라서 학원들이 부모와 학생을 현혹하고, 자기 서비스 중심으로 생활을 통제하도록 해서는 안 됩니다. 그들이 이용하는 가장 간단하고 효과적인 수단이 레벨테스트와 같이 노골적인 경쟁과 비교인 것입니다. 거의 매번 혹은 매일 갈 때마다 평가받는 것이 진정한 우선 순위를 교란하는 수단이 됩니다. 이에 대해 초연할 수 있어야 하는데, 의외로 이런 평가가 반복될수록 알게 모르게 그것을 의식하고, 그 평가에 자유롭지 못하게 되는 것이 보편적인 인성입니다. 따라서 레벨테스트를 위주로 하는 학원 프로그램은 처음부터 접근하지 않는 것이 좋습니다. 다른 사교육 프로그램을 통해서 아이들에게 많은 체험, 동기 유발, 새로운 분야를 발견하는 계기가 됩니다. 하지만 수학학원 프로그램은 중장기적으로 많은 폐해가 생깁니다. 다음 장에서는 수학 프로그램에 대해 집중적으로 분석합니다.

$$(x+y)^n = \sum_{k=0}^{n} {}^nC_k \; x^{n-k} \; y^k \qquad 2x^2+3x$$

$$3^0=1$$

$$a^2+b^2$$

$$\log_a 1 = 0$$

$$(x+y)^n =$$

$$\log_c\left(\frac{a}{b}\right) = \log_c a - \log_c b$$

$$\sqrt[3]{-8} = -\sqrt[3]{8}$$

$$y = ax^2 + bx + c$$

$$k<0$$

$$\sum_{k=1}^{n} k = \frac{1}{2}n(n+1)$$

$$\pi \approx$$

$$c^2 = a^2 + b^2$$

$$y = kx^2 \; k$$

$$4^{\frac{3}{2}} = \sqrt[2]{4^3}$$

$$\sqrt{2}$$

$$(a-b-c)2 = a2+b2+c2-2ab+2bc-2c$$

$$\sin 30° = \frac{1}{2}$$

$$a^b \, a^c = a^{b+c}$$

$$\sin 45° = \frac{1}{\sqrt{2}}$$

$$\left(\frac{2}{3}\right)^{-3} = \left(\frac{3}{2}\right)^{3}$$

$$\sin 60° = \frac{\sqrt{3}}{2}$$

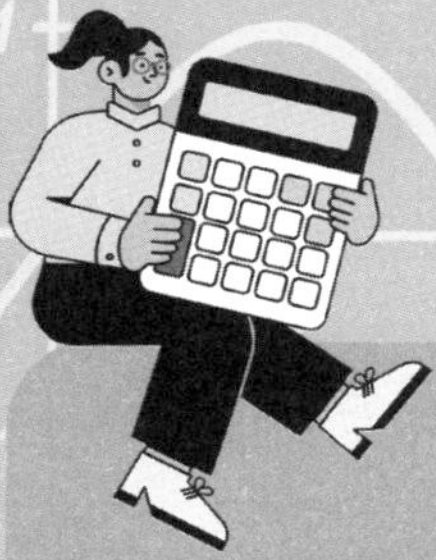

7장

수학 학습에 대한 몇 가지 고려 사항

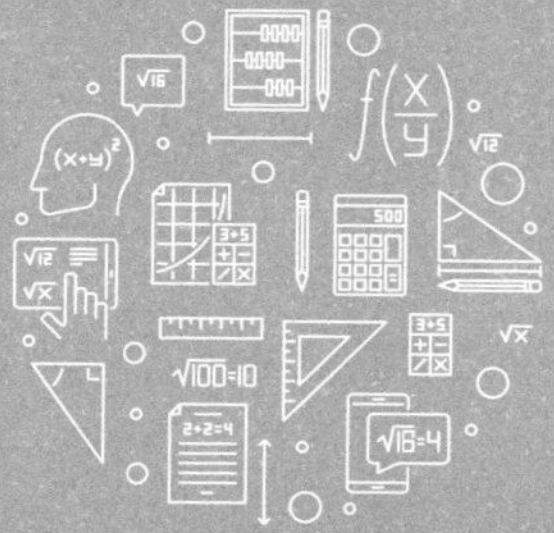

7장.
수학 학습에 대한
몇 가지 고려 사항

영재 아동들의 지적 발달은 상당 부분 인위적인 개발 노력이 아니고, 주어진 특성에 따라 자연적으로 발달하게 됩니다. 잘못된 학습 방법의 강제는 오히려 영재 아동의 지적 발달에 도움이 되지 않을 뿐 아니라, 정서적 발달의 가능성을 억제하고, 부모 자녀 사이에 상당한 갈등을 초래하며, 오히려 성장에 저해가 될 우려가 있습니다.

사교육 중에서도 수학은 부모들이 가장 많이 고민하는 영역입니다. 실제로 수학은 학교 학업 성취도에서도 매우 결정적 요소입니다. 그런 만큼 매우 오도되어 있는 영역이기도 합니다. 안타까운 것은 수학에 대한 접근이 잘못될 경우, 영재 아동은 수학을 아주 잘할 수 있는 학생으로 성장할 수 있음에도 불구하고, 수학을 싫어하거나 수학에 대한 거부감을 가지게 될 위험이 실제로 큽니다. 그렇다고 해서 수학 학습에 대해 아무것도 하지 않으면서 아이가 수학에서도 자신의 잠재능력을 자연스럽게 발현하게 될 것이라고 막연히 믿고 기다릴 수 있는 부모는 실제로 한 사람도 없을 것입니다. 몇 가지 원칙을 제시합니다.

첫째, 수학을 잘할 수 있는 능력은 절대로 인위적으로 만들어지지 않습니다. 고지능 아동의 경우, 이미 잘할 수 있는 능력이 내재되어 있습니다. 특히 시공간 능력과 유동 추론은 그 자체로 수학을 잘할 수 있는 잠재력을 그대로 평가한 것으로 보아도 무방합니다. 이미 가진 능력을 발현시키도록 매우 섬세하게 유도하고, 동기 유발시키는 것이 유효합니다.

둘째, 고지능 아동들은 단순 연산, 단순 암기의 반복을 싫어합니다. 그것을 좋아하는 아이들은 하나도 없겠지만, 고지능 아동의 경우는 거부감이나 거부 반응이 매우 강합니다. 기본적으로 그런 반복적 학습을 통해 수학 학습을 강제한다는 생각을 버리는 것이 제일 먼저 필요합니다.

셋째, 수학 학습의 성공 관건은 핵심적으로 시간의 관리입니다. 초등학교 수준 혹은 해당 연령 이전에는 하루 5분 정도가 기준이 됩니다. '미니 5분 미니 퀴즈 대회'만으로 충분합니다. 매일 5분이 필요하다는 것은 5분 정도의 자극, 동기 유발로 충분하다는 뜻입니다. 그 결과 본인이 수학을 학습이 아닌 재미있는 놀이로 받아들이고, 학습을 자발적으로 하도록 유도가 가능하다는 뜻입니다. 수학 문제집을 사달라고 해서 풀기를 즐겨 한다든가, 관련된 동영상을 찾아본다든가, 관련된 서적을 읽는다든가 하는 반응이 나타나게 되는데, 그런 자발적 반응이 나타나도록 유도하고, 기다려 주는 것이 성공의 핵심입니다. 인위적으로 학습을 강제하는 만큼, 잘되지 않을 위험성이 높아집니다.

넷째, 대체적으로 부모들이 5분 미니 퀴즈 대회를 통해서 초등 6학년까지의 수학 학습을 유도하는 것이 대단히 쉽습니다. 그리고 그 정도의 시간으로 충분합니다. 충실하게 이 시간이 아이와의 즐거운 유희처럼 운영이 된다면, 6개월에서 12개월 사이에도 6학년까지의 수학 개념을 착근시킬 수 있습니다. 구체적인 방법에 대한 설명과 실습은 조만간 GES 센터에서 특별 세미나를 기획해서 진행하도록 하겠습니다. 그런 세미나가 없더라도 5분 미니 퀴즈 대회의 가이드라인으로 편하게 설계해서 진행시킬 수 있습니다. 초등학교 수학 문제집들이 출판사마다 제각기 나와 있기는 하지만, 대체로 그 구성이 서로 유사합니다. '기본' 편을 기준으로 진행하는 것이 가장 적절합니다. 표준적인 커리큘럼의 표준적인 난이도로 구성되어 있어서, 아이들이 1학기 교재를 끝내면 자연스럽게 다음 학기를 공부할 수 있는 수준이 되어 있음을 확인할 수 있습니다.

다섯째, 초등 과정의 개념이 일차적으로 심어지고 나면, 중학교 수학으로 넘어갈 수도 있고, '응용' 편으로 한 번 정도 복습을 할 수도 있습니다. '응용' 편 복습의 경우에는 6학년 1, 2학기 정도만 하면 됩니다. 5학년 이전의 교재는 이미 너무 쉽게 느껴집니다. '응용' 이외의 교재는 권하지 않습니다. '기본+응용'과 같은 복합 교재는 불필요하게 두껍고 반복적입니다. '최상위'나 '올림피아드, 경시' 등의 교재도 권하지 않습니다. 대부분 올림피아드, 경시대회 문제들은 교육적 목적이 아니라, 순위 변별을 위한 목적이 강합니다. 문제를 해결하기 위해 필요한 개념이 들쭉날쭉해서 혼란을 유발합니다. 또한 경우의 수가 너무 많아서 아이들에게 인내심과 장시간의 반복 연산을 강요하는 특성이 강합니다. 결과적으로 비교육적인 역효과를 유발할 위험성이 높습니다. 오히려 중학 수학 개념을 체계적으로 심어주면, 그 이후에는 훨씬 세련된 해결 방법을 가지고 스스로의 능력으로 해결할 수 있습니다. 그런 접근이 내적 역량과 자신감을 강화시켜 줍니다.

여섯째, 중학 수학은 EBS 교재의 '개념' 편을 주 교재로 삼아서 진행하면 적절합니다. 중학 수학에서 다루어야 하는 개념이 다소 많은 편이고, 배경 설명도 충분히 해주면 개념을 소화하는 데 도움이 됩니다. 이 부분이 잘 안되면 적절한 수학 멘토와 일대일의 멘토링을 한동안 진행시키면 어렵지 않습니다. 멘토링은 하루 5~10분씩 매일 진행할 수는 없으므로, 1시간에서 1시간 30분 내외를 진행한다고 할 때, 만 8~9살 이전에는 진행이 어렵습니다. 최소한 8~9살 이후를 권합니다. 중학 수학을 소화하는 데 다소 어려움을 느끼면, 초등 5~6학년 내용을 복습하면서 2~3개월 시간을 벌고 나서 다시 중학 수학을 시작하면 그다음에는 잘 진행됩니다. 중학 수학 과정부터는 욕심을 내면 안 되고, 센터 수학 멘토에게 점검받으면서 한 학년씩 돌파해나가면 1년에서 1년 6개월 이내에 중학 수학도 개념을 소화할 수 있습니다. 문제 풀이 능력을 키워나가는 것은 얼마든지 자기 학습 계획에 따라 확장, 강화시킬 수 있습니다. 개념을 정복하는 것이 핵심입니다.

일곱째, 중학 수학까지의 개념 소화가 아주 빠르다면, 아이에게 어떤 질문도 허용해주고, 질문에 대해 재미있게 이야기를 풀어 줄 수 있는 적절한 수준의 멘토 선생님을 구하시면 됩니다.

5분 미니 퀴즈 대회

5분 미니 퀴즈 대회를 하는 것에 대한 설명을 드립니다. 만으로 8~9살(초등 3~4학년) 이전에는 책상에 앉아서 학습 활동을 굳이 하지 않아도 됩니다. 사교육 시장에서 종사하는 사람들은 1살이라도 어릴 때 그런 습관을 들여야 한다고 주장하지만, 근거가 있는 이야기가 아닙니다. 아동들의 성장 주기를 고려할 때, 득보다 실이 많습니다. 사교육 산업에는 매출 증가를 가져오겠지만, 성장기 아동에게는 보다 활발한 체험과 역동성이 보장되어야 합니다. 8~9살 이후에도 아이들이 자기 주도적인 학습 활동을 내재화하는 노력과 방향성을 유지해야 합니다. 여러 가지 영재 교육의 주요 원칙을 강조하다 보면, 부모들에게는 마치 아무것도 하지 않고, 팔짱 끼고 구경만 하라는 이야기처럼 들립니다. 그러나 그런 주장을 하는 것은 아닙니다. 8~9살 이전의 아동에게 아끼지 말고 부모가 제공해야 할 것은 오히려 부모와의 '좋은 추억 만들기'입니다. 다채로운 체험 활동은 아무리 해도 지나치지 않습니다. 박물관, 미술관, 과학관, 천문대 등 여러 가지 볼거리를 제공하고, 체험 활동을 가지고, 가족 여행을 가거나, 맛있는 음식을 찾아간다거나 놀이공원, 눈썰매 타기, 눈사람 만들기, 물놀이, 캠핑 등 수많은 활동이 권장됩니다.

부모들에게 많은 사교육 업자들은 그런 놀이가 지나쳐서 아이에게 학습 경쟁력을 서둘러 만들어줄 시간을 놓치면 안 되는 것처럼 말합니다. 그러나 조기 사교육은 생각하는 것 같이 큰 효과가 없습니다. 오히려 가족들 사이의 정서적 유대와 신뢰, 좋은 추억은 고학년 이상 중학교에서 치열한 경쟁이 필요할 때, 아이들이 그런 압박과 경쟁을 이겨낼 수 있는 큰 힘을 길러주는 활동이라고 이해해야 합니다. 그렇다고 하더라도 아이 스스로 수학이나 어학, 그 밖의 특정한 주제에 흥미를 느끼고 학습 활동을 해나가는 것을 막을 이유는 없습니다. 그럴 수 있는 시간과 공간, 환경을 제공하면 됩니다. 그렇다면 학습 활동에 관해 관심이 없고, 그저 행복한 놀이 시간을 만끽하고 있기만 하는 아동의 부모들은 어떻게 해야 할까요? 물론 적어도 8~9살까지는 전혀 걱정할 필요가 없습니다. 그렇지만 주변 아이들이나 가족들이 그런 노력을 하고 있는 것을 보고 있는 부모들은 초조해질 수 있습니다. 그런 부모들을 위해 권할 수 있는 프로그램은 매일 5분 정도 진행되는 '미니 퀴즈 대회'입니다. 몇 가지 원칙을 잘 지켜 나가면 매우 큰 효과를 얻을 수 있습니다.

⑴ 매일 진행합니다.

⑵ 시간은 5분 정도면 충분합니다. 간단하게 5문제 정도를 준비합니다.

⑶ 4문제 정도는 아이가 쉽게 해결할 수 있는 수준으로 조절합니다. 진행하면서 너무 쉬워 보이면 조금 난이도를 높이고, 아이가 부담을 느끼는 듯하면 난이도를 낮추면서 조절합니다.

⑷ 마지막 5번째 문제는 다소 어려운 '도전 과제'를 선정합니다. 도전 과제라고 하더라도 너무 어려워서는 안 되며, 너무 쉬워도 곤란하므로, 역시 매일 아이의 대응 속도를 보아 가면서 조절하면 됩니다.

⑤ 답을 맞출 때마다 칭찬과 격려를 아끼지 않으며, 다소 어려워하면 충분히 시간을 주고 기다려 주며, 시간을 아낌없이 쓸 수 있다고 말하면서 지긋이 기다려 주는 것이 좋습니다.

⑥ 기본적으로 5분 미니 퀴즈 대회는 아이 입장에서는 칭찬을 듣는 시간이 되어야 합니다. 마지막 도전 과제에 대해서는 충분한 시간을 주고, 아이가 먼저 원하지 않으면 답을 먼저 알려주면 안 되고, 다소 시간이 걸리더라도 스스로 해결할 수 있는 기회를 주어야 합니다.

⑦ 잘 운영이 되면 아이는 그 시간을 기다리기도 하고, 시간 연장이나 추가 문제를 원하기도 합니다. 그런 경우라도 10분 이상이 되면 안 됩니다. 10분이 넘어가면, 자신이 원했더라도 아이는 후회하게 됩니다. 5분을 지켜 나가되, 아이가 적극적으로 원하면 10분 정도까지는 연장이 되더라도 그 이상은 바람직하지 않습니다. 되도록 아이 스스로 자신의 시간을 가지도록 하는 것이 더 큰 도움이 됩니다.

지능지수를 감안하면 아이의 수학을 선행 학습을 시킬 때, 어느 정도 속도로 진행할지를 가늠할 수 있습니다. 여기서 말하는 선행은 개념에 대한 선행을 의미합니다. 난삽하고 비비 꼬인 난이도가 너무 높은 경시대회형 문제를 풀리는 것은 여러 가지 부작용이 발생합니다. 철저하게 수학의 개념을 한 단계씩 높여 나간다는 의미로만 이해해야 합니다. 어떤 개념을 어느 시기에 설명해주어야 할지에 대한 참고 자료는 부록으로 수록했습니다.

간단하게 설명하면 학교 수학은 대체로 4단계로 구성되어 있습니다. 초등 저학년 3년, 초등 고학년 3년, 중학 수학 3년, 고등 수학 3년입니다. 초등 저학년에서 배워야 할 것은 자연수의 가감승제를 차근차근 익히는 과정입니다. 초등 고학년에서는 분수의 가감승제를 익힙니다. 여기까지는 대체로 학부모가 하루에 5분씩만 투자해 진행시키는 5분 미니 퀴즈 대회 형식으로도 아이들을 쉽게 그 수준까지 깨우치게 도와줄 수 있습니다.

중학 수학에서 가르치는 내용이 다소 많지만, 핵심은 '함수' 개념을 갖게 하는 과정입니다. 함수를 가르치려면 당연히 수식(수학적 표현 방식)을 배워야 합니다. 수학적 표현방식을 한 단어로 줄여서 수식(數學的 表現方式 - 數式)이라고 하는 것입니다. 수학적 표현방식은 간단한 가감승제 표기들부터 문자가 섞인 방정식, 부등식, 연립방정식, 함수식 등 복잡한 수식까지 상당히 많은 것들이 있기는 하지만, 수식들을 한 개의 체계로 잘 정리할 수 있어야 합니다. 따라서 중학 수학 이상을 부모가 잘 가르친다는 것은 쉬운 일이 아닙니다. 부모들의 직업이나 학업 경쟁력에 따라서 다르기는 하지만, 이때부터는 충분한 소양을 잘 갖춘 수학 멘토가 필요합니다. 수학 멘토링에서 고려해야 할 내용은 다음과 같습니다.

일대일 수학 멘토링

수학 교육에서 초등 과정은 적정한 수준의 교재에서 문제를 발췌해 '5분 미니 퀴즈 대회'로도 충분히 발달을 유도할 수 있습니다. 초등 과정에서 십진법 체계와 가감승제 개념이 확립되면, 초등 고학년에서 다루게 되는 분수의 가감승제를 도전하도록 하면 됩니다. 분수의 가감승제를 잘 다루기 위해 필요한 수학 이론들은 5학년 1학기에 집중적으로 배치되어 있습니다. 이 과정도 잘 소화하면 6학년 과정에서 다루는 분수의 나누기도 곧잘 할 수 있습니다. 분수의 나누기 개념을 심어주기가 쉽지 않게 느껴지면, 일대일 수학 멘토링 수업을 권합니다. 다른 과목과는 달리 수학 학습에서는 일대일이 가지는 함의가 매우 큽니다. 지능이 높은 아이들일수록 순위나 비교에 대해 매우 민감한 특성을 보이는 경우가 많습니다. 자칫 개념 이해의 속도가 차이 나거나 개념 이해의 숙성도에서 미묘한 차이가 느껴지면, 매우 큰 자존감 상실을 호소하는 사례가 많습니다. 일대일 지도는 이런 문제를 사전에 방지하며, 순수한 지적 호기심을 집중적으로 충족시켜줄 수 있습니다. 매우 적은 시간을 투입하고도 큰 효과를 기대할 수 있는 경우가 많습니다.

부모가 5~6학년의 개념을 설명하기가 어렵다고 느끼거나, 학생은 어리더라도 중학 과정에 진입할 때 멘토링 시작을 권유합니다. 빨라도 만 8~9살 이상은 될 때 시작하기를 권합니다. 다소 늦더라도 큰 손실을 보는 것은 아니며, 나중에 보다 성장했을 때 시작하면 진행 속도가 빨라서 한두 해 늦게 멘토링을 시작한다고 해서 큰 차이가 발생하지 않습니다. 너무 어린 나이에 시작하면 멘토 선생님이 공부 시간의 상당 부분을 아이와 놀이에 대응해야 하므로, 가성비가 낮아집니다. 판단이 어려우면 시범 강의를 신청하셔도 됩니다.

매칭되는 멘토 선생님은 수학 이론은 해박하지만, 친절한 설명을 아끼지 않으며, 아이의 다소 괴팍한 부분도 수용해주시는 분이 바람직한데, 찾기가 쉽지는 않습니다. GES 센터가 너무 멀면, 동네 학원의 학원장과 직접 대면해서, 일대일 수업이 가능한지 물어보세요. 일반적인 학원 수강비와는 다른 별도의 사례를 할 테니, 일대일 수업을 진행해달라고 요청해보세요. 대개의 경우 학원장이 응합니다. 학원장이 직접 가르치는 경우도 있습니다. 그게 어려우면 그런 멘토링에 경험이 많은 교사를 알선해달라고 요청하시면 됩니다.

$$(x+y)^n = \sum_{k=0}^{n} {}^nC_k \, x^{n-k} \, y^k$$

$$2x^2+3x+$$

$$3^0 = 1$$

$$a^2+b^2$$

$$r$$

$$2\pi \qquad -\frac{3\pi}{2} \quad -$$

$$\log_a 1 = 0$$

$$(x+y)^n =$$

$$\sqrt[3]{-8} = -\sqrt[3]{8} =$$

$$\log_c\left(\frac{a}{b}\right) = \log_c a - \log_c b$$

$$y = ax^2 + bx + c$$

$$k<0$$

$$\sum_{k=1}^{n} k = \frac{1}{2}n(n+1)$$

$$\pi \approx 3$$

$$B$$

$$c^2 = a^2 + b^2$$

$$y$$

$$y = kx^2 \quad k>$$

$$60°$$

$$30°$$

$$4^{\frac{3}{2}} = \sqrt[2]{4^3}$$

$$0 \qquad x$$

$$\sqrt{2}$$

$$A \qquad\qquad C$$

$$(a-b-c)2 = a2 + b2 + c2 - 2ab + 2bc - 2c$$

$$\sin 30° = \frac{1}{2}$$

$$a^b a^c = a^{b+c}$$

$$B \qquad C$$

$$\sin 45° = \frac{1}{\sqrt{2}}$$

$$\left(\frac{2}{3}\right)^{-3} = \left(\frac{3}{2}\right)^3$$

$$\sin 60° = \frac{\sqrt{3}}{2}$$

$$A$$

8장

동기 유발

8장.
동기 유발

고지능 영재 아동이 가진 지적 잠재력은 일반적으로 사람들이 생각하는 것보다 대단히 큽니다. 한마디로 말해서, 이 아이들에게 동기 유발만 할 수 있다면 아이는 무엇이든지 해낼 수 있는 능력을 발휘하게 됩니다. 고지능 영재 아동에게 동기 유발할 수 있는 요소는 크게 3가지를 들 수 있습니다.

⑴ 사랑받는 부모가 되어야 합니다.

⑵ 아이에게 많은 것을 보여주고, 스스로 선택할 수 있게 해야 합니다.

⑶ 공적인 사명감을 불어넣어 주어야 합니다.

사랑받는 부모가 된다는 것이 막연하게 느껴질 수 있습니다. 어떤 의미에서 자녀는 부모를 사랑하게 되는 것이 너무도 당연하기 때문에 그런 노력이 필요할까 하는 생각이 들 수도 있습니다. 하지만 고지능 영재 아동을 양육하는 일이 생각보다 무척 까다롭고, 부모들을 지치게 하는 일이기 때문에 부모들은 어느 틈엔가 아이로부터 사랑받아야 한다는 것을 잊어버리고, 끝도 없이 아이와 기 싸움을 벌이게 되는 일이 드물지 않습니다.

사랑받는 부모가 되려면 가장 쉽지만, 효과적인 방법은 '특별 데이트 시간 만들기'입니다.

특별 데이트 시간 만들기

형제자매 사이에서 부모의 시간, 관심, 우선 순위에 대한 경쟁은 어른들 생각보다 훨씬 치열합니다. 자녀들이 고지능인 경우에는 그 정도가 더 과도하게 나타납니다. 부모들은 대체로 아이들이 조용할 때는 생활에 쫓기기 때문에 아이들에 대해 다소 관심을 가지지 않다가, 아이들이 싸우면 개입하거나 시시비비를 가리려는 경향이 있습니다. 이럴 경우, 아이들은 부모의 관심과 시간을 끌어당기기 위해 공연한 시비를 일으키면서 시끄러운 상황을 만들게 됩니다. 그런 심리적인 압력이 실제로 작동하기 때문에 형제자매 사이를 관리하기 위해서는 일부러 대응을 반대로 해야 합니다. 아이들이 소란을 일으키면, 각자의 방이나 지정된 공간으로 각자 가서 자숙하라고 단호히 말해야 합니다. 물론 다소 진정되고 난 뒤에는 양쪽 이야기를 다 듣고 되도록 공정하게 처분하려고 노력해야 하지만, 아이들이 다투는 모습을 보이면, '꼴보기가 싫다'라고 선언하고 외면

하는 듯한 태도를 반복적으로 보여주어야 합니다. 진정이 되지 않고, 지시에 거부하면 부모들은 외면하고, 책 한 권을 들고 밖으로 나가서 1~2시간 바깥바람을 쐬는 것이 오히려 유효합니다. 돌아왔더니 다시 시끄러워지면, 다시 나가버리는 것이 더 나은 대책입니다. 상황에 따라 다르지만, 대체로 보아주는 사람이 없으면 서로 싱겁게 흐지부지 왜 싸웠는지도 모르겠다는 듯, 가라앉는 경우가 많습니다. 아이들이 특별히 시끄럽지 않게 지내는 모습을 보이면, 오히려 관심을 가지고 '사이좋게 지내서 보기가 좋다'라고 이야기해주고 사탕 하나라도 입에 물려주는 반응을 보이면, 효과가 있습니다. 이런 노력을 여러 번 반복하면 효과가 나타나기 시작하며, 일부러 서로 사이가 좋은 척하는 태도를 보이고, 그런 연출이 반복되다 보면, 실제로 사이가 좋아지기 시작합니다. 대체로 같이 있는 공간에서는 공정함, 공평함을 최대한 유지하려고 노력해야 합니다. "네가 큰아이니까 참으라"거나, "네가 어리니까 일단 큰아이의 말을 존중하라"는 이야기는 설득력이 없고, 분개심을 자극하기 때문에 다소 치사할 만큼 양쪽 주장을 끝까지 듣고, 아주 공정하게 처분하는 노력을 해야 합니다.

대체로 아이들은 아무리 공정히 해도, 불만이 있거나 섭섭한 감정을 가집니다. 따라서 규칙적으로 엄마, 아빠는 번갈아가면서 일대일 특별 데이트를 해야 합니다. 일반적으로 일주일에 한 번 정도, 시간은 30~40분 내외 정도면 충분합니다. 몇 가지 원칙을 잘 지켜야 합니다.

첫째, 물리적으로 차단된 공간과 시간을 확보해야 합니다. 같이 있는 공간에서 특별 데이트를 진행하려고 하면, 다른 아이가 반드시 어떤 소란을 피워서 그런 시간과 분위기를 흩뜨려 놓으려고 합니다. 엄마 아빠가 따로따로, 한 아이씩 맡아서 독립된 공간을 찾아가는 것이 좋습니다. 가볍게 손을 붙잡고 조금 떨어진 편의점이나 카페로 가서 무언가 하나 입에 물리고 시간을 가지면 족합니다.

둘째, 특별 데이트 시간에는 최대한 아이와 눈을 맞추고, 아이에게 집중해야 합니다. 다른 일을 처리하면서 건성으로 이야기를 들으면 효과가 증발합니다. 되도록 그 시간에는 핸드폰도 끄고 무슨 소리를 하든 아이의 이야기를 집중해서 들어주고, 아이의 이야기에 대해 이렇다 저렇다 토를 달면 안 됩니다. 아이가 다소 과장을 하거나 거짓말을 좀 섞는다거나, 다른 형제나 자매에 대해 고자질하더라도 그냥 들어주고, 시비를 하지 않도록 합니다. 진위를 따지거나 아이의 과장이나 고자질을 지적하면, 특별 데이트가 되지 않습니다.

셋째, 말을 옮기면 안 됩니다. 한 아이의 이야기를 다른 아이에게 전해도 안 되지만, 아빠 엄마 사이에도 특별 데이트 때 들은 이야기는 전달하면 안 됩니다. 아이들은 엄마에게 연출하고 싶은 이미지와 아빠에게 보이고 싶은 모습이 다르기 때문입니다. 아주 작은 것이라도 이야기를 전달하면 아이들은 귀신같이 그걸 알아차리며, 그다음부터는 속 깊은 자기 이야기를 꺼내려고 하지 않습니다. 이런 이야기는 배우자가 알아둬야 할 것 같은 이야기가 있다면, 아이에게 다음 데이트 시간에 엄마 혹은 아빠에게 그 이야기를 해주는 것이 좋겠다고 이야기하는 것이 맞습니다. 데이트 시간에 주고받은 이야기를 아이들은 가끔 다른 이에게 발설하는 수가 있지만, 부모가 그래서는 효과가 반감됩니다.

넷째, 데이트 횟수가 늘어나면 아이의 마음이 열리고 속 깊은 이야기를 하게 되며, 가장 깊은 이야기는 결국 누가 엄마, 아빠에게 가장 사랑받는 자식이냐는 궁금함이 됩니다. 이때 아이의 추궁에 걸려들어서 "너와의 비밀인데, 너를 제일 사랑해"라고 말하면 곤란합니다. 아이들은 결국 다른 아이들에게 그 이야기를 하게 되고, 아이들이 쫓아와서 그런 말을 했느냐, 안 했느냐 하고 추궁하게 됩니다. 비밀은 없습니다. 진실 게임에 휘말리면 아주 곤란해집니다. 되도록 "둘 다, 혹은 자녀들 모두를 사랑한다"라고 말을 해야 하지만, 그럴수록 손톱만큼이라도 누구를 더 사랑하는지 파고들게 됩니다. 최후에는 "너를 제일 사랑한단다. 지금 이 순간은…"이라고 꼬리를 달아야 합니다.

다섯째, 30~40분 정도 시간이 다 되면, 가벼운 스킨십으로 데이트를 끝내고, 다음 주에도 데이트 시간을 가질 것을 약속하고, 실제로 꼬박꼬박 지키는 것이 중요합니다. 그리고 아이들에게 시간과 횟수가 동일하게 실천해야만 합니다.

아이들이 다소 섭섭한 구석이 있더라도 특별 데이트를 지속하면 그런 섭섭함은 다 메워질 수 있습니다. 지속적으로 아이들이 성장할 때까지 계속하면, 놀랍게도 아이들은 자신이 가장 사랑받는 자녀라는 느낌을 유지하게 되며, 그런 느낌의 유지가 정서적으로 아이들이 건강하게 성장할 수 있는 가장 중요한 토대가 됩니다.

동기 유발의 핵심 - 체험 학습

아이들에게 넓은 세상을 자기 눈으로 보게 하는 것은 중요합니다. 백문불여일견(百聞不如一見)이라는 말이 있듯 여행, 체험, 직접 몸으로 배워나가기는 확실히 효과가 있습니다. 아이가 학교생활을 못 견뎌 할 때도 이런 체험 활동은 큰 도움이 됩니다. 물론 큰 부담이 있는 것도 사실입니다. 하지만 이든 커뮤니티 안에서 서로 의지할 수 있는 가족이 생긴다면 훨씬 수월하게 체험 학습을 나누게 할 수 있습니다. 서로 만나서 반가운 서너 가족만 모여도 아이들에게는 더없이 좋은 시간을 만들어줄 수 있습니다. 구체적으로 어떻게 그런 활동을 기획해나갈지는 워낙 다양한 접근법이 있기 때문에 여기서 설명하기보다는 그동안 해왔던 체험 학습의 예를 사진 자료와 함께 소개하는 것으로 대신할까 합니다.

우리나라에는 어느 정도의 전시물을 갖춘 박물관이 200여 개에 이른다고 하며, 그중 반 이상은 서울과 수도권에 산재해 있습니다. 네댓 가족만 시간을 맞춘다면, 아이들에게 무궁무진한 체험의 기회를 제공할 수 있으며, 그 과정을 통해 아이들은 아주 자연스럽게 깐부 그룹을 만들어줄 수 있게 됩니다.

생일 축하 케이크 만들기

에버랜드 소풍

명동 성당 내부와 외부 사진

　명동성당은 천주교 서울대교구의 주교좌 성당입니다. 우리나라에서 최초로 지어진 대규모의 고딕 양식 교회 건물이며, 한국 최초의 본당 성당입니다. 1883년에 조선교구가 신학생 교육 공간으로 이용하기 시작한 후, 프랑스에서 오신 유지 코스트(Eugene Joan Coste) 신부가 1892년에 교회의 설계와 공사 감독을 맡고 건축을 시작했으나 1896년에 소천하셨습니다. 그 후 프와넬(Jean Joseph Ferréol) 신부가 이어 맡아 1898년 5월 29일

에 공사를 완료하고 축성식을 열었습니다. 1980년대는 전두환 군사독재 정권에 맞서 민주화 운동을 하던 학생들, 수배자, 시위대가 명동성당에서 농성하고, 김수환 추기경이 이들의 연행을 강력히 막아냄으로 민주화 운동의 성지로 인식되기도 했습니다.

운현궁에서의 예절 학교

운현궁은 고종 황제가 태어나서 소년 시절을 지낸 곳이고, 흥선대원군이 살던 곳이기도 합니다. 종로구 종로 뒤편에 있으며, 북쪽으로는 계동, 가회동인데 통칭 '북촌 마을'로 불리는 곳입니다. 서쪽으로는 인사동, 남쪽은 종로, 동쪽으로는 종묘가 있습니다. 500년 조선의 수도 심장부에 있고, 전통 한옥이 그대로 보존되어 있습니다. 열두 가족, 어린이들 22명이 전통 예절 수업을 받았습니다. 모두 한복을 준비해 입고, 인사하는 법과 한복을 차려입는 법, 차도를 배웠습니다. 부모님들은 '별하당'이라는 북촌 마을 한옥 체험촌에서 방을 얻어 이야기를 나누었습니다.

서울역사박물관

농업박물관

경찰박물관(조선 포졸들의 복장과 마패)

경찰박물관(대한민국 경찰 제복들)

전쟁기념관

안성팜랜드

분당잡월드

고려대학교 안암캠퍼스

연세대학교 캠퍼스 투어

인천경찰청 CSI 체험

SBS 서울 방송국   KBS 방송국

대한민국 국회   대한민국 역사박물관

광화문   고궁 박물관

가평 쁘띠 프랑스   박경리 토지 문학 공원

코이카 지구촌 문화체험관   매헌윤봉길의사기념관   국립 과천과학관

캠핑

서울숲   예술의 전당

남산 한옥마을

에버랜드   명동성당

공적 의식 만들기

영재 아동들은 부모의 예상보다는 매우 빠르게 성장합니다. 부모들이 자기 자녀에 대해 착각하는 지점은 비슷합니다. 아이가 어느 틈엔가 자신과 같은 수준으로 판단하고, 평가하는 존재로 자라난다는 것을 모르는 것입니다. 여전히 기저귀를 갈아주고, 어리광을 부리던 아이들의 모습이 선명합니다. 그럼에도 불구하고 같이 살고 있는 아이들은 부모들의 한계를 아주 잘 알고 있습니다. 아이들은 여전히 어리광을 부리며, 자신이 원하는 것을 부모로부터 얻어낼 수 있다는 것을 압니다. 동시에 아직도 자신을 아이로만 생각하는 부모에 대한 불만이기도 합니다. 그런 내면의 이중성은 모든 아이들이 가지고 있다고 보는 것이 정확합니다. 머리가 좋은 고지능 아동일수록 그런 이중성은 더 크게 생깁니다. 결국 고지능 아동의 부모는 생각보다는 훨씬 복잡한 심리적인 역동성에 대해 준비가 되어 있어야 합니다.

때로 아이들은 자신이 가진 역량에 대해 의심하기도 하고, 과신하기도 합니다. 부모들이 아이의 성취에 대해서 단순하게 칭찬하면 예상하지 못한 부작용이 생깁니다. 자신이 쉽게 결과를 만들어낼 수 있는 것들만 도전하고, 힘들어 보이거나 자신보다 더 나은 기량을 얻은 다른 아이를 보면 시작도 하지 않으려는 태도가 나타납니다. 동기 유발만 잘한다면 아이의 성장은 상대적으로 쉬울 수 있지만, 동기 유발을 위해서는 상당히 잘 정립되어 있는 전략적인 접근이 필요합니다.

특별 데이트가 잘 작동되어서 아이가 부모로부터 인정받고, 칭찬받고 싶은 마음이 크다면 동기 유발은 결코 어렵지 않습니다. 대개의 경우는 여러 가지 새로운 것들을 노출시켜주고, 깐부 친구들과 어울리면서 새로운 것을 경험하면, 관련된 기술이나 지식을 배우고 싶은 마음을 가집니다. 그럼에도 불구하고 아이는 자신이 무언가 잘해낼 수 있다는 능력을 최선을 다해서 최대치로 개발하겠다고 나서게 하기는 쉽지 않습니다. 이때 필요한 것이 공적 의식의 개발입니다.

영재 아동은 빠르고 늦을 수는 있지만, 또래 집단 속에서 스스로 리더의 역할을 맡게 될 확률이 높습니다. 어떤 의미에서는 그런 경험을 반드시 해볼 필요가 있습니다. 그리고 하게 된다면, 훌륭하게 잘 수행해야 합니다. 그래서 리더가 필요한 상황이 생기면, 자연스럽게 그런 역할을 스스럼없이 맡아서 일정한 역할을 할 수 있어야 합니다.

문제는 완벽주의 경향이 강해서, 그런 기회가 있어도 선뜻 나서지 않는 태도가 늘 방해가 됩니다. 위인전을 읽게 한다든지, 영화나 드라마에서 영웅적인 서사를 보게 함으로써 언젠가 모임의 리더로 나서서 일정한 역할을 하게 자극하는 것이 필요합니다.

이런 공적 의식을 함양하는 것에도 '깐부 그룹과 깐부 활동'은 중요합니다. 다양한 소모임이 만들어지고, 또래 집단 내에서 일정한 역할을 맡게 하며, 그런 역할 수행에서 재미를 느끼고 자신감을 가지도록 유도하는 것이 필요합니다.

$$(x+y)^n = \sum_{k=0}^{n} {}^nC_k \, x^{n-k} \, y^k \qquad 2x^2+3x$$

$$3^0 = 1$$

$$a^2+b^2$$

$$\log_a 1 = 0$$

$$(x+y)^n =$$

$$\sqrt[3]{-8} = -\sqrt[3]{8}$$

$$\log_c\left(\frac{a}{b}\right) = \log_c a - \log_c b$$

$$y = ax^2 + bx + c$$

$$k < 0 \qquad \sum_{k=1}^{n} k = \frac{1}{2}n(n+1)$$

$$\pi \approx$$

$$c^2 = a^2 + b^2$$

$$y = kx^2 \ k$$

$$60° \qquad 30°$$

$$4^{\frac{3}{2}} = \sqrt[2]{4^3}$$

$$\sqrt{2}$$

$$(a-b-c)2 = a2 + b2 + c2 - 2ab + 2bc - 2c$$

$$\sin 30° = \frac{1}{2} \qquad a^b \, a^c = a^{b+c}$$

$$\sin 45° = \frac{1}{\sqrt{2}}$$

$$\left(\frac{2}{3}\right)^{-3} = \left(\frac{3}{2}\right)^3$$

$$\sin 60° = \frac{\sqrt{3}}{2}$$

9장

학교 수학의
핵심이란

9장.
학교 수학의
핵심이란

    초등학교에서 시작해서 고등학교 졸업, 그리고 대학 입시까지 성적 관리에 가장 중요한 과목은 수학입니다. 학교에서의 학업 성취에 대해서 노심초사하는 어머니들을 위해서 말씀드리겠습니다. 무엇보다 먼저 학교 수학 교육의 핵심 개념을 설명합니다. 학교에서 수학을 통해 학생들에게 가르치고자 하는 핵심 내용을 이해하는 것은 중요합니다. 큰 그림을 보면서 앞으로 나아갈 때, 방향이 제대로 잡힙니다. 핵심 내용이 어떤 것인지 모르는 상태에서는 학생들이 수학에 대해 혼란에 빠지기 쉽습니다. 중학교에 진학하면 수학이 다소 어려워지기 시작합니다. 이때부터 학생들에게 수학은 오로지 학생을 괴롭히기 위해서 만들어진 과목처럼 느껴집니다. 이런 느낌에 빠진 학생들은 여러 가지 혼란을 느낍니다. 그리고 학습에 사용하는 시간에 낭비가 생깁니다. 전체 모습을 잘 알고 수학 학습을 지도해야만 효율적인 시간 투자가 가능해집니다. 그뿐 아니라 아이의 학습 경쟁력에도 도움이 됩니다.

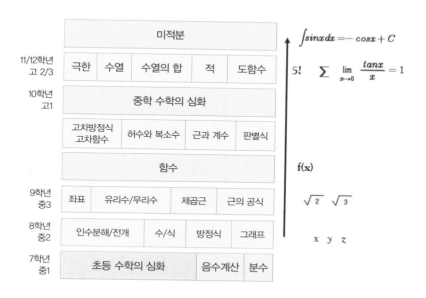

위의 자료에서 보이는 것과 같이 학교 수학은 크게 보아 〈미적분 이론〉을 목표로 합니다. 고등학교를 졸업한 사람이라면 누구나 알 만한 것입니다. 하지만 미적분 개념 이해에 성공한 사람은 그렇게 많지 않습니다. 대부분 고등학교 졸업자들에게 미적분이라고 하면, 그저 골치 아프고 대단히 어려운 것이라고 막연히 느낍니다. 심지어 성적도 좋았고, 좋은 대학에 진학한 사람들조차 대학 진학 이후에는 미적분 이론에 대해 마음의 부담을 가집니다. 모두 그런 것은 아니지만 그런 사람들이 적지 않습니다. 그만큼 미적분은 거의 모든 학생들에게 부담스러운 것입니다.

어린아이에게 수학에 흥미를 갖도록 하고, 장차 학교에서 수학 학습을 어렵지 않게 받아들이도록 하려면, 그런 마음의 부담을 전달해서는 안 됩니다. 오히려 수학은 재미있고, 할 만하다는 느낌을 가지도록 하는 것이 '엄마 수학'의 성공 비결입니다. 그러려면 부모가 수학을 통해 어떤 것을 배운다는 것을 쉽고 간단하게 설명할 수 있어야 합니다.

이 책은 자녀들에게 수학을 쉽게 받아들이도록 하고 싶은 부모들을 위한 안내서입니다. 수학은 어렵고 무서운 과목이 아닙니다. '수학은 잘 공부하면 재미도 있고 해볼 만하다'라는 느낌을 전달할 수 있도록 해야 합니다. 이 책은 그런 노력을 돕기 위해서 만들어진 것입니다. 책을 읽기 시작하면서 마음의 부담을 가볍게 해야 합니다. '수학은 어렵지 않고 재미있는 것이다'라고 부모가 스스로 세뇌가 되지 않으면 '엄마 수학'은 성공하지 못합니다.

우선, 학교 수학이 최종 목표로 삼는 '미적분 이론'을 설명하도록 하겠습니다. '미적분 이론'은 고등학교 3학년에 가서야 그 모습을 드러내지만, 막연한 두려움을 가져서는 안 됩니다. 높은 산도 결국 끝이 있다는 것을 알게 되면, 가파른 산길을 오르더라도 포기하지 않을 것입니다. 구름에 가려진 정상은 너무 멀게만 느껴지고, 결코 도달할 수 없을 것 같은 마음의 부담을 주긴 하지만요.

수학은 이것저것 잡다한 지식을 모아 놓은 것이 아니고, 초등학교 1학년부터 고등학교 3학년까지 1개의 목표로 정리되어 있습니다. 간단히 말해서 고등학교에서 미적분을 가르치기 위해서 중학교에서 함수 이론을 가르치는 것입니다. 중학교에서 함수 이론을 가르치기 위해서 초등학교 고학년에서는 분수를 가르치는 것입니다. 분수를 가르치기 전에 가감승제, 특히 구구단을 익히게 되어 있습니다. 수학 교육 내용을 보다 단순하게 정리해 그림을 그리면 다음과 같습니다.

수학의 핵심 개념

수학의 이론들을 재미있게 느끼게 하려면, 수학은 연산의 연속이 아니라는 것을 알려주어야 합니다. 연산을 조금씩 해서 1~2개 정답을 맞히면 "아주 잘한다"라고 칭찬을 다소 과장되게 한 다음에 "이번에는 이런 이론을 배우게 될 거야"라고 말해줍니다. 그러면 그 이론에 대해서 아이가 묻습니다. 그러면 기다렸다는 듯 대략의 설명을 합니다. "너는 아직 그런 것을 이해하지 못할 거야"라거나 "몰라도 돼"라고 하면 안 됩니다. 조금 지나면 설명을 잘 못 하는 부분까지 가게 되는데, 그러면 책, 인터넷, 선생님을 찾아서 적극적으로 알려주려고 해야 합니다. 수학에 흥미를 느끼게 하는 것은 의외로 쉬운데, 흥미를 느낄 때 적극적으로 대응해주어야 할 때 머뭇거리면 안 됩니다. 아주 쉬운 방법은 '수학 귀신' 같은 잘 만들어진 수학에 관한 이야기책을 주는 것입니다. '수학 도둑' 학습 만화 시리즈도 상당한 효과가 있습니다. 만화에 대한 편견과 저항감을 버려야 합니다. 아이들에게 캐릭터와 스토리, 적절한 수준의 호기심, 지적 자극이 버무려져 있어서 파괴적인 효과를 보입니다.

[이든 카페 댓글 반응]

👤 수학 시험지에 비가 내려도 수학이 좋다고 한다면 … 좋은 거라고 해야겠죠? ㅎㅎ 근데 아직은 어리니까 학원을 가는 것은 조금 머뭇거리게 되는데, 말씀해주신 책을 한번 보아야겠네요.

👤 잘한다고는 느끼는 듯한데, 재미있다고는 느끼지 못하는 것 같아요. 어떻게 하면 재미있다고 느낄까요?

👤 이게 메인이 되는 뼈대였군요.

👤 한눈에 쏙 들어와요.

👤 수학은 재미있다, 나는 수학을 잘한다, 이런 마음을 갖는 아이로 키우기 도전^^~

$$(x+y)^n = \sum_{k=0}^{n} {}^nC_k \; x^{n-k} \, y^k$$

$2x^2 + 3x$

$3^0 = 1$

$\log_a 1 = 0$

$a^2 + b^2$

2π

$-\frac{3\pi}{2}$

$(x+y)^n =$

$$\log_c\left(\frac{a}{b}\right) = \log_c a - \log_c b$$

$\sqrt[3]{-8} = -\sqrt[3]{8}$

$$y = ax^2 + bx + c$$

$k < 0$

$$\sum_{k=1}^{n} k = \frac{1}{2} n(n+1)$$

$\pi \approx$

$y = kx^2 \; k$

$$c^2 = a^2 + b^2$$

$60°$

$30°$

$$4^{\frac{3}{2}} = \sqrt[2]{4^3}$$

$\sqrt{2}$

$$(a-b-c)2 = a2 + b2 + c2 - 2ab + 2bc - 2c$$

$\sin 30° = \frac{1}{2}$

$\sin 45° = \frac{1}{\sqrt{2}}$

$\sin 60° = \frac{\sqrt{3}}{2}$

$$a^b \, a^c = a^{b+c}$$

$$\left(\frac{2}{3}\right)^{-3} = \left(\frac{3}{2}\right)^{3}$$

10장

결국 미적분 이론을
가르치려는 거야!

10장.
결국 미적분 이론을
가르치려는 거야!

　왜 초등학교부터 고등학교까지 12년간 학교에서는 수학을 가르치는 것일까요? 수학의 발전은 인류 문명사의 보석 같은 지혜들을 꿰어 놓은 아름다운 진주 목걸이와 같습니다. 그런 소중한 보물덩어리를 아이들을 괴롭히는 잔인한 고문 도구로 만들어놓은 결과물이 수학 교과서입니다. 물론 아이들을 괴롭히기 위한 빌런이 어딘가 튀어나와서 일부러 저지른 짓은 아닙니다. 의도하지는 않았지만 사람들을 괴롭히고, 심지어는 죽이거나 불구로 만드는 일이 얼마나 많을까요? 수백 명, 수천 명의 수학자들, 수학 교육학자들이 엄청난 시간을 들여서 애를 써서 만들어놓은 교과서는 사실 인류 문명사, 최소한 4000년, 5000년의 지혜를 12년 교육을 통해 아이들에게 전달해주기 위한 눈물겨운 노력의 결과물입니다. 그러나 그 결과물은 의도와는 다르게 아이들을 괴롭히는 것 역시 사실입니다.

　수학 교과서는 누가 만드는 것일까요? 누구나 한 번쯤 수학 공부에

넌더리를 내면서 생각해봄 직한 궁금증이지만, 실제로 실상이 어떤지는 아는 사람이 없는 것 같습니다. 수학을 전공하면서 직간접적으로 수학계의 내부를 들여다보니, 수학 교과서는 결국 대학의 수학 교수들이 학생들을 위해 만드는 강의 노트가 근본이 되는 것이었습니다. 그러니 유럽에서 대학이 생겨난 이래 수없이 많은 교수들이 온갖 종류의 교과서를 만들었고, 그것을 후배 학자들이 또다시 여러 가지 교과서를 참고해 새로 편집하고, 자신들의 이론을 첨가하면서 다시 편집되기가 반복되어 온 것입니다. 교수들은 제각기 중요하다고 생각하는 것이 다르고, 그러니 어떤 것은 제외하고, 어떤 것은 포함시키기를 반복했습니다. 그러고 나서 후배 학자들은 또 다른 견해를 가지고 다시 편집했습니다. 수백 년 동안 수많은 수학 이론이 어떤 것은 주도적인 교과서에 들어가기도 하고, 어떤 것은 쫓겨나기도 했습니다. 결국 오랜 세월 전승되면서 살아남은 이론들이 일정한 형식 속으로 남아 있는 것이 지금의 교과서입니다. 사실 각국의 교과서도 조금은 다르게 구성되어 있고, 그 안에 들어 있는 내용에도 차이가 있습니다. 비단 수학 교과서만 그렇지는 않겠지만, 수많은 사람들의 손을 거치면서 교과서는 어떤 의미에서는 집단 지성의 결과물이지만, 어떤 의미에서는 매우 혼란스러운 지식과 이론의 잡탕일 수도 있는 것입니다.

과연 수학 교과서 안에는 일관된 원칙이 있는 것일까요? 교과서 안에는 분명한 목적과 학생들을 위한 최고의 학습 효율과 배려가 들어 있는 것일까요? 수학을 한때 전공했던 필자로서는 교과서를 다시 들여다보면서 여러 생각을 해보았습니다. 한때 전공자로서 가진 작은 관심들이 졸업한 이후에도 조금씩 남아 있었습니다. 그리고 수학의 역사에 대해 조금씩 알게 되면서, 교과서에 들어 있는 이론들이 왜 중요하다고 평가받았는지 조금씩 짐작할 수 있었습니다. 수학 멘토링을 하게 되면서 어린 학생들이 수학을 공부하면서 가지는 의문 중 상당한 부분이 "왜 이런 것을 공부해야 돼요?"라는 것을 절감하고 있습니다. 원래 수학 문제를 풀어주는 것은 별로 중요하지 않다고 생각했습니다. 그것은 뭐 아이들의 수학적인 머리가 조금씩 숙성되면, 스스로 풀 수 있게 되는 것입니다. 멘토는 아이들의 수학적인 머리가 어느 정도 숙성되었는지 모니터링하다가 아이가 약간의 격려를 받으면, 풀 수 있는 정도의 난이도, 아이가 감당할 수 있는 정도의 추상적 높이의 문제를 제공하는 것이 중요합니다.

문제는 아이들마다 수학적 머리가 다릅니다. 물론 노력은 차이를 극복하게 할 수 있습니다. 하지만 노력에 의해 극복할 수 있는 것에는 일정한 한계가 있습니다. 그런 한계를 인정하지 않는 것은 치명적인 비극을 만듭니다. 인류 문명사의 지혜가 집약되어 있는 진주 목걸이가 아이들의 목을 조르는 매듭이 되거나 적어도 상당한 고통을 주는 족쇄가 되도록 하는 것은 그런 경직된 사고입니다. 여기서 '경직된 사고'라고 부르는 그것은 사실 다른 편에서 보면, '기본적으로 교육적인 태도'일 수도 있습니다. '누구나 노력하면 성공할 수 있다!', '불가능이란 없다', '안 되면 되게 하라', '거북이가 게으른 토끼를 경주에서 이길 수 있다.' 하지만, 실제로는 노력만으로는 되지 않는 부분도 있습니다.

노력이 고통과 엄청난 자기 부정이 아니라 '도전'이고, 진지한 '자기 한계의 극복'이며 '인간 승리'가 되려면, 자발적인 것이어야 합니다. 국가, 학교, 가문의 영광을 위해 지긋지긋한 공부, 수학 공부를 하게 한다는 것은 얼핏 생각하는 것처럼 정당화될 수 있는 것이 아닙니다. 부모가 가진 '자랑거리'가 되기 위해 무리한 노력을 강요받는다는 것은 끔찍한 일입니다. 부모의 좌절된 어린 시절의 '대리 욕구 충족'이 된다면 그것은 가족 심리 역동적인 병리 현상이 되고 맙니다. 적절한 동기 유발이 필요합니다. 그러려면, 제일 먼저 아이가 묻는 질문인 "그런데 이런 것을 왜 공부해야 돼요?"에 대해서 답해야 합니다. 아이 스스로 궁금한 것이 있어야 하며, 아이가 궁금한 요소가 생겼을 때 기다렸다는 듯, 재미있는 이야기로 대응할 수 있어야 합니다.

My precious time!

깨달음의 순간, 궁금증이 만족스럽게 채워지면서, 세상을 바라보는 식견이 훨씬 넓어지고, 훨씬 고차원의 것들이 스스로 문을 열고, 영감과 밝아지는 느낌을 느끼는 그 시간이 있어야 합니다. 이런 소중한 깨달음의 순간은 정말 순간이기는 하지만, 한순간에 아이를 좀 더 높은 차원으로 끌어올리는 엄청난 힘이 있습니다. 그 순간을 위해 많은 준비의 시간들이 필요합니다. 그 펄쩍 뛰어오르는 순간, 비상의 찰나를 준비하는 그 시간들은 수학 역사 속의 이야기로 채워 넣어야 합니다.

'결국에는 이 모든 것은 미적분 이론을 가르치려는 거야!'

미적분을 어렵게 설명하면 안 됩니다. 미적분 이론은 300년(1687년)도 전에 아이작 뉴턴(Isaac Newton) 경이 《자연철학을 위한 수학 원리(흔히 '프린키피아(Principia)'라고 불리움)》라는 책으로 정리했습니다. 우리나라뿐 아니라 전 세계 고등학생들이 "어떤 사람이 이런 것을 만들어가지고 우리를 고생시키는 거야?"라고 말합니다. 어떤 의미에서 뉴턴은 그 범인이라고 할 수 있습니다. 결국 뉴턴이 정립한 미적분 이론의 가장 기본적인 개념과 원리를 익히기 위해 우리는 십수 년간 수학을 공부하는 것입니다. 냉정히 말해보면 실생활에서 필요한 수학은 구구단에서 크게 벗어나지 않습니다. 분수 이론만 하더라도 흔히 사람들이 생각하는 것보다는 추상적인 이론을 많이 가지고 있습니다.

미적분 개념을 밝혀주었던 뉴턴의 '자연철학을 위한 수학 원리'

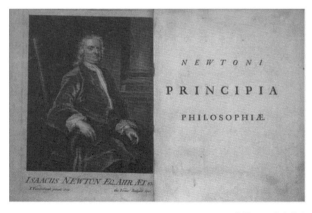

출처 : 프린키피아

전 세계 학교에서 학생들에게 미적분 이론을 가르치려는 이유는 물론 미적분 이론이 중요하기 때문입니다. 중요할 뿐 아니라 배우기가 만만치 않기 때문에 그 정도는 할 줄 알아야 대학 교육을 받을 수 있다고 생각하기 때문입니다. 하지만 모든 나라가 그런 것은 아닙니다. 대체로 미국은 모든 고등학생들에게 미적분 이론까지 가르칠 필요는 없다고 생각합니다. 하지만 대학에서는 그 정도는 공부해온 사람을 선발하고 싶어 합니다. 미국 공과 대학의 교수 중 80% 정도가 외국 출신이라고 합니다. 미국 고등학교가 수학을 가르치는 것에 대해 소홀히 한 결과라고 할 수도 있고, 공부하기가 만만치 않은 반면, 공과 대학 교수의 처우가 그다지 좋지 않아서일 수도 있습니다. 어찌 되었든, 공과 대학, 자연 과학 대학, 그리고 경제 관련 학과에서는 미적분 이론을 필요로 합니다.

미적분이란 무엇인가?

만약 미적분 이론을 공부하지 않을 것이라면, 분수조차도 깊이 공부할 필요가 없습니다. 뉴턴의 미적분 이론은 천문학을 제대로 연구하기 위해 필요한 것이었습니다. 학문적으로 보면 미적분 이론은 그 이전의 수학 이론보다는 수준이 높고 획기적인 것입니다. 따라서 3000여 년 전, 그리스 시대에 큰 발전을 이루었던 수학은 그 이후 한동안 그 수준에 머물러 있었습니다. 적어도 유럽에서는 그랬습니다. 그러던 중 수학 이론이 300여 년 전 갑자기 한 단계 높아진 것입니다. 3000년 가까이 뉴턴이라는 천재를 기다려 온 것이라고 해도 틀린 말은 아닙니다. 따라서 미적분 이론은 천재의 작품입니다. 하지만, 그렇다고 해서 굳이 미적분을 어렵게만 설명해야 하는 것은 아닙니다.

학생들을 멘토링하면서 미적분 이론이 초등학교 교과서에도 들어 있다고 말하면, 많은 이들이 고개를 갸우뚱합니다. 그러나 원리로만 따져보면 결코 거짓말이 아닙니다.

다음 자료는 초등학교 6학년 1학기에 실려 있는 내용으로, 원의 넓이를 구하는 공식을 설명하는 것입니다. 하지만 이 그림 안에 미적분의 핵심 원리가 모두 들어 있습니다. 원의 넓이는 다각형과 달리 그 넓이를 구

원의 넓이를 구하는 공식

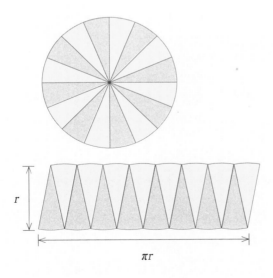

하기가 처음에는 쉽지 않았습니다. 하지만, 피자나 데코레이션 케이크를 자르듯이 원을 조각 조각으로 나눈 다음, 가지런히 자리를 바꾸어주면, 직사각형으로 그 형태가 바뀌어 넓이를 구하기 쉽게 됩니다. 결론적으로 '반지름 × 반지름 × 원주율(3.14)'로 바뀝니다. 자료에서 주목할 부분은 처음에는 8조각으로 자르지만, 다시 좀 더 잘게 나누어가는 과정을 반복합니다. 점차로 아주 작은 조각으로 나누어가면, 원의 넓이를 구하는 공식이 아주 정확하게 맞아 들어간다는 것을 보여줍니다. 잘게 나누는 과정이 '미분'이고, 나뉜 조각들을 가지런히 교대로 쌓아서 직사각형으로 만드는 것이 '적분'입니다. 미분과 적분을 통해 바로 계산하기 어려운 모양을 질서 있게 계산할 수 있는 모양으로 바꾸는 것입니다. 그리고 점점 더 작게 잘라나가는 과정을 계속하는 것은 '극한'의 개념을 보여줍니다. 이 문제를 되도록 자세히 설명해주는 것은 장차 고등학교에서 미적분을 공부할 때, 맥을 찾아나가는 데 큰 도움이 됩니다.

뉴턴은 천문학계의 어려운 문제들을 해결하기 위해 똑같은 원리를 이용했습니다. 계산해야 될 복잡한 것들을 잘게 나누고, 다시 조합해 결과를 얻어냈습니다. 그리고 보다 잘게 나누더라도 같은 결과가 나온다는 것을 설명합니다. 그리고 함수 이론 역시 이용했습니다. 그렇다면 함수란 무엇일까요? 함수도 많은 사람들이 설명하기 어려워하지만, 이 역시 기본적인 원리는 복잡하지 않습니다.

👤 미적분이 이런 스토리가 있었다니 흥미롭네요. 아이들도 이렇게 흥미로 접근하면 재미있어 하겠어요. 문제집 던져주고 풀라고만 한 게 미안해지네요.

👤 수학자가 들려주는 수학 이야기가 아주 도움돼요. 전집을 사려면 책값이 후덜덜이라 주변 도서관에 희망도서로 신청해 활용했어요.

👤 스토리가 있어야 뭐든 흥미로운 것 같아요.

👤 재미있네요. EBS 다큐프라임에선가 과학, 수학 부분을 재미있게 보았는데, 어렵기만한 것을 그렇게 풀어놓으니 좋더군요. 책으로 틈틈이 읽으면 더 좋을 거 같아요.

👤 아이가 몇 달 전 미적분을 가르쳐 달라고 졸랐었어요. 근데 제가 중학 과정이나 마치고 이야기하자고 했었거든요.

👤 와, 공포의 미분과 적분이었는데 이렇게 간단하게 설명되네요.~^^

👤 원리를 알고 보니 좀 더 든든해지네요.
학생 때 선생님께서 외워라 하신 후에 올린 수학 실력은 항상 위태위태했는데, 40넘어 아이를 위해서 다시 한번 깨우치게 되네요.

👤 안 그래도 수학에 대한 어려움이 있어 고민하고 있었는데, 많은 도움이 되었습니다. 두고두고 보며 수학에 대한 가이드로 삼아야겠습니다.

$$(x+y)^n = \sum_{k=0}^{n} {}^nC_k \ x^{n-k} \ y^k \qquad 2x^2 + 3x$$

$$3^0 = 1 \qquad\qquad a^2 + b^2$$

$$\log_a 1 = 0 \qquad\qquad (x+y)^n =$$

$$\sqrt[3]{-8} = -\sqrt[3]{8}$$

$$\log_c\left(\frac{a}{b}\right) = \log_c a - \log_c b$$

$$y = ax^2 + bx + c$$

$$k<0 \qquad \sum_{k=1}^{n} k = \frac{1}{2}n(n+1) \qquad\qquad \pi \approx$$

$$y = kx^2 \quad k$$

$$B$$

$$c^2 = a^2 + b^2$$

$$60°$$

$$30° \qquad 4^{\frac{3}{2}} = \sqrt[2]{4^3}$$

$$A \qquad\qquad C \qquad\qquad \sqrt{2}$$

$$(a-b-c)2 = a2 + b2 + c2 - 2ab + 2bc - 2c$$

$$\sin 30° = \frac{1}{2} \qquad a^b \, a^c = a^{b+c} \qquad B \qquad\qquad C$$

$$\sin 45° = \frac{1}{\sqrt{2}}$$

$$\sin 60° = \frac{\sqrt{3}}{2} \qquad \left(\frac{2}{3}\right)^{-3} = \left(\frac{3}{2}\right)^3 \qquad A$$

11장

함수와 미적분,
언제 가르쳐야 할까요?

11장.
함수와 미적분,
언제 가르쳐야 할까요?

초등학교 교과서에서는 미적분과 함수를 설명하지 않습니다. 하지만 그 기본적인 원리는 천천히 흥미를 가지도록 설명하면 어린 학생도 이해할 수 있습니다. 그리고 대략이라도 이해하면, 전반적인 수학 학습에 대해 좀 더 친근함을 느끼게 됩니다. 초등학교 저학년 교과서에서는 분수의 분모, 분자도 한자를 쓰지 않고, 풀어서 설명합니다. 분자는 '가로선 위의 숫자', 분모는 '가로선 아래의 숫자'라고 부릅니다. 하지만 여러 해의 경험으로 한자를 풀어서 설명하는 것은 도움이 되지 않습니다. 수학 용어가 한자여서 어려운 것이 아니라, 수학 개념 자체가 추상적이기 때문에 쉽게 가르치거나 설명하기가 어려운 것입니다.

따라서 말을 쉽게 풀어서 설명한다고 해서 아이들이 잘 이해하지 않습니다. 아이들의 이해를 돕는 방법은 되도록 그림을 통해 시각적으로 이해를 돕는 것입니다. 용어 자체는 풀지 않고 그대로 사용하는 것이 보다 교육적입니다. 당장은 몰라도 용어가 귀에 익게 되면 그것을 통해 추상적인 것들을 기억해내기가 쉬워집니다.

함수와 미적분은 추상적인 것이어서 설명하기가 쉽지 않습니다. 하지만 그렇다고 해서 함수와 미적분 이론이 무엇인지 설명하지 않고, 수학을 가르치는 것은 더욱 문제가 많습니다.

이미 초등학교 고학년이 되어서 분수를 가르치기 시작하면 벌써 추상적인 수학 이론이 시작된 것입니다. 개념을 시각적으로 보여주고 반복해서 설명함으로써 개념에 익숙하도록 도와주는 것이 더 낫습니다. 학생이 분수 개념을 그다지 어렵지 않게 받아들이기 시작하면 미적분, 함수, 방정식이 무엇인지 용어를 가르쳐주고, 호기심을 가지도록 유도하는 것이 좋습니다. 아주 세세한 내용이나 정확한 이론이나 기호를 익힐 필요는 없지만, 그런 용어가 있고 대체로 어떤 것인지 알도록 도와주는 것이 좋습니다.

이과생은 삼각함수와 지수 로그 함수, 미적분까지를 공부해야 하고, 문과생들도 다항식의 미적분 개념까지는 익혀야 하도록 되어 있습니다. 미적분 이론을 이해하기 위해서 중학교에서 〈함수 이론〉을 공부하게 되어 있고, 중학교에서 함수 이론을 공부하기 위해서 초등학생은 〈분수〉를 공부해야 합니다. 실제로 교과 구성을 들여다보면, 중학교 1학년에서는 분수 이론을 좀 더 이론적으로 복습한다는 것을 알 수 있습니다. 마찬가지로 고등학교 1학년('수학 상', '수학 하'라고 부릅니다. 1970년대 학교를 다닌 우리 때는 '공통수학'이라고 부른 것입니다)에서는 함수 이론을 다시 복습합니다. 중학 함수에서는 2차 함수를 가르칩니다. 고등학교 1학년에서는 3차, 4차 이상의 고차 함수를 다루기는 하지만, 근의 공식과 판별식 같은 보다 추상적인 이론을 이용한 수학 이론과 기법을 연습시킵니다.

부모들은 의도적으로 미적분, 함수라는 용어를 아이들에게 들려줄 필요가 있습니다. 그리고 그것에 대한 호기심을 자극하고, 그것이 무엇인지 물어올 때, 준비된 이야기를 통해 알기 쉽게 설명해주어야 합니다. 기회가 될 때마다 비슷한 이야기를 듣게 되면 아이들에게 큰 도움이 됩니다. 이런 작은 노력이 장차 중고등학교 시절에 비싼 과외비를 지출하면서 노심초사하며 수학 성적이 개선되기를 기다리는 것보다는 현명한 투자입니다.

[이든 카페 질문과 댓글 반응]

👤 아이고, 저는 답변을 준비도 못했는데 초2 아이가 미적분이 뭐냐고, 왜 필요하냐고 며칠 전에 물어보더라고요. ㅡ.ㅡ 단계를 차근히 밟지 않고 널뛰기하듯 궁금해하는데 책을 들이밀어도 될까요?@@

👤 널뛰기하더라도 무언가 생각할 거리를 제공하고, 궁금증을 품고, 그것을 풀어나가는 과정은 매우 소중합니다. 책도 좋고, 인터넷 동영상이나 위키피디아 같은 디지털 자료도 도움이 됩니다. 더 중요한 것은 그런 궁금증을 공감해주고 같이 궁금증을 해소해나가려는 모습을 부모가 보여주는 것입니다.

👤 궁금한 것을 거꾸로 알아가는 것도 괜찮은 것 같아요^^ 우리 아들이 그렇게 필요할 때마다 배워서 하다가 지금 전체로 정리하고 문제 풀이하고 있는데, 아이의 호기심을 따라가면 은근히 쉽게 풀리더라고요.^^

👤 저희 아이는 동네 학원 벽에 붙어 있는 수학 계통도를 보고, 지금 배우는 분수가 미적분의 기초이고, 도형이 기하의 기초인데, 많은 형들이 기하와 미분 적분 때문에 수포자가 된다면서 자기는 분수와 도형을 잘하니 다행이라고 하더라고요. ㅎㅎㅎ 제가 적절히 개념을 설명할 수 없어 안타까울 뿐입니다.

👤 저는 고등학교 때 미적분에서 무너진 수포자인데요. 아~ 정말 20여 년 지난 이때 다시 재회할 줄…. 제목을 보자마자 이두박근, 삼두박근, 명치까지 힘이 빡 들어가네요. ㅠㅠ

엄마가 가르치는 수학은 실제로는 초등학교 과정 이상을 벗어나기 어렵습니다. 하지만 함수가 무엇인지, 미적분이 무엇인지에 대해서 아이들에게 호기심을 심어주고, 대략적인 설명을 해줄 수 있다는 것은 아주 중요합니다. "수학은 아주 어렵고 힘든 거야"라고 이야기해서는 안 됩니다. 많은 부모들이 아이들에게 수학을 선행 학습시키는 데 실패하는 원인입니다. 물론 이해는 됩니다. 대부분의 어른들도 중고등학교 시절에 수학이 결코 쉽지 않았기 때문입니다.

그것은 누군가 수학을 쉽게 설명해주는 선생님이나 멘토가 없었기 때문입니다. 하지만 적어도 초등학교 과정의 수학은 부모가 가르치지 못할 이유가 없습니다. 오늘날 한국의 부모들은 고등학교, 대학교를 졸업한 사람들입니다. 따라서 대부분의 어른들은 분수 계산이나 쉬운 방정식 계산 정도는 충분히 소화할 수 있습니다. '수학은 아주 어렵고 힘든 거야'라는 메시지는 아이에게 절대로 도움이 안 됩니다. 아이가 수학을 재미있게 배우고, 보다 높은 수준으로 도전해야 합니다. 부모가 솔직해져야만 아이의 수학 학습을 도울 수 있습니다. 아이에게 그렇게 말해주어야 합니다. "여기까지는 아주 쉽고 재미있었어. 그 이상은 나도 잘 몰라. 알기는 하는데 잘 설명해주지는 못 하겠어"라고 해야 합니다. 좋은 멘토가 되려면 스스로 자기의 수준을 잘 가늠해야 합니다. 잘 모르는 것을 엉터리로 가르쳐주거나 혹시 불확실한 상태에서 혼란스럽게 설명하면 학습 장애를 만들어주게 됩니다. 기본적인 수학 이론은 아주 단순하고 아주 명쾌하게 되어 있습니다. 그리고 가르칠 적에도 단순하고 명쾌하게 전달해야 합니다. 그다음부터는 분수 이론에 대한 설명을 시작합니다.

초등학교 수학의 목표는 분수 이론의 완성입니다. 분수만 제대로 이해하면 초등학교 수학은 끝난 것입니다. 수학 교과서나 문제집을 보면 많은 내용들이 들어 있는 것처럼 보이지만 핵심은 분수입니다. 분수 개념을 잘 잡아주면 성적 관리가 결코 어렵지 않습니다.

학교 수학에서 아이들을 수포자 만드는 고비들이 있습니다. 수학 실력 증가는 절대로 투입한 시간에 비례하지 않습니다. 효과적인 시간 관리는 의미가 있습니다. 효율성을 잘 따지면 적은 시간 투입으로도 매우 큰 효과를 볼 수 있습니다. 말하자면 '수학 공부에는 왕도가 있다'라는 뜻입니다. 미국, 서유럽에 비해 한국, 중국, 인도 등은 수학 진도 요구가 대단히 높은 편입니다. 최소한 2년의 갭이 있습니다. 미국 수능시험(SAT Scholastic Aptitude Test)에서의 수학 수준은 한국 교과서로 보면 중 3 내지 고 1 수준입니다. 크게 보아 한국 학생들이 초중고 12년간 수학을 배우는 과정에서 5개의 문턱이 있다고 보면 됩니다.

바로

(1) 분수 계산

(2) 음수 계산

(3) 문자 사용과 방정식

(4) 무리수 계산

(5) 허수, 복소수 계산

입니다.

5개의 문턱은 반투명거울처럼 작용합니다. 아직 개념이 소화되지 않은 상태에서는 절대로 넘기 어려운 전혀 불투명한 거울처럼 아무리 들여다보아도 내용은 보이지 않고, 그 앞에서 혼란에 빠진 자신의 모습이 투영될 뿐입니다.

하지만 그 벽을 통과하고 뒤돌아보면 환히 보입니다. 이렇게 간단한 것들을 왜 몰라서 저렇게 혼란에 빠져 있는가 하는 생각이 듭니다. (1) 분수 계산은 초등학교 5학년 1학기에 집중됩니다. 학교 커리큘럼을 잘 들여다보면, 초등학교 4년간 그 문턱 혹은 거울 벽을 통과하기 위해 준비시키는 내용이 담겨 있습니다. 이 지점을 뛰어넘어버리면, 사실 초등학교 수학은 끝나버리는 것이나 마찬가지입니다. 벽을 통과한 아이들에게 연산 능력을 키워주는 일은 사실 그다지 어렵지 않습니다. 아이에게 성적에 대한 욕심이 생기면 연산 능력을 강화하는 것은 비교적 쉽습니다. 연산 능력을 키우는 일은 수학자들에게는 사실 그다지 가치 있는 것으로 보이지 않습니다. 하지만 초등 과정이나 중등 과정에서는 성적에 일정한 영향을 주기 때문에 학부모들은 아이의 연산 능력을 평가하거나 비교하는 것에 골몰하는 사례가 대단히 많습니다. 연산 능력을 키우는 일에 대한 설명은 별도의 장으로 자세히 다루도록 하겠습니다. 지적 특성에 따라 아주 단기간의 훈련으로도 연산 능력과 약간의 응용력을 유도하면 꽤 까다로워 보이는 어려운 문제도 풀 수 있습니다.

$$(x+y)^n = \sum_{k=0}^{n} {}^nC_k \; x^{n-k} \; y^k \qquad 2x^2+3x-$$

$$3^0 = 1$$

$$a^2+b^2$$

$$\log_a 1 = 0$$

$$(x+y)^n =$$

$$\log_c\left(\frac{a}{b}\right) = \log_c a - \log_c b$$

$$\sqrt[3]{-8} = -\sqrt[3]{8} =$$

$$y = ax^2+bx+c$$

$$k<0 \qquad \sum_{k=1}^{n} k = \frac{1}{2}n(n+1)$$

$$\pi \approx 3$$

$$c^2 = a^2+b^2$$

$$y = kx^2 \; k>$$

$$4^{\frac{3}{2}} = \sqrt[2]{4^3}$$

$$\sqrt{2}$$

60° 30° B A C

$$(a-b-c)2 = a2+b2+c2-2ab+2bc-2c$$

$$\sin 30° = \frac{1}{2}$$

$$\sin 45° = \frac{1}{\sqrt{2}}$$

$$a^b a^c = a^{b+c}$$

$$\left(\frac{2}{3}\right)^{-3} = \left(\frac{3}{2}\right)^{3}$$

$$\sin 60° = \frac{\sqrt{3}}{2}$$

B C A

12장

수학의 문턱 혹은
반투명 장벽들

12장.
수학의 문턱 혹은
반투명 장벽들

⑴ 분수 계산

⑵ 음수 계산

⑶ 문자 사용과 방정식

⑷ 무리수 계산

⑸ 허수, 복소수 계산

⑵, ⑶, ⑷는 중학 수학에 집중되어 있습니다. 그러니 중학 수학이 상당히 중요합니다. 미국, 서유럽 커리큘럼은 이 3가지 문턱에 5~6년을 투입합니다. ⑸는 선택 사항입니다. 한국 학생들은 중학 3년간 ⑵, ⑶, ⑷를 하고 과학고, 영재고까지 가려면 ⑸까지도 터득해야 합니다. 가히 살인적이며, 많은 아이들에게 큰 고통을 줍니다. ⑸까지 이해하는 학생은 전체 학생의 10% 정도밖에 되지 않습니다. 그리고 그것을 위해 엄청난 시간과 비용이 지출되고 소비됩니다. 지수 120이 중요하다는 저의 지론과 이 부

분에서 맥이 통합니다. 지수 120 이상인 아이들은 선천적으로 ⑸를 넘어설 수 있는 잠재력이 있다는 것을 시사합니다. 효율적으로 관리하면 ⑸를 넘어서는 기간을 대폭 단축시킬 수도 있습니다. 지수 115 전후의 그래도 똑똑한 아이들도 ⑸까지 끌고 갈 수 있습니다. 하지만 그러려면 엄청난 공력이 필요합니다. 조기 교육, 엄청난 학습량, 그에 따르는 시간과 비용은 막대합니다.

5개의 문턱으로 표현했지만, 수학 교과서에 등장하는 수의 확장이라는 주제와 다르지 않습니다.

수 개념의 확대

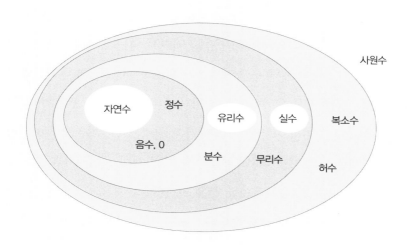

단지 학교 커리큘럼에서는 자연수에서 정수로 확대하는 것보다는 분

수 개념으로 확대하는 것이 먼저 이루어집니다. 분수 개념이 음수 개념보다는 덜 혼란스럽기 때문입니다. 결국 중학교 1학년 대수에서 음수 계산을 배우게 되는데, 이 부분이 상당한 벽으로 작용합니다. 음수 계산과 문자 사용이 겹치면서 학교 수학에 대해 좌절감을 느끼게 되는 학생들이 대폭 늘어납니다. 물론 교육 특구라고 불리는 일부 지역의 학생들은 그 정도는 이해하지만, 이런 개념들을 이용해서 매우 난삽하게 얽히고설킨 문제들을 푸는 과정에서 어려움을 느끼게 됩니다.

엄마들이 수학을 가르치면 아이들이 싫어해요!

초등 저학년에서는 장차 초등 고학년에서 배우게 되는 분수 이론을 이해할 수 있도록 가감승제와 구구단을 익히게 되는데, 멘토링 받는 학생들 대부분이 가감승제와 분수 개념을 익히는 데 지극히 짧은 시간밖에 걸리지 않는다는 것을 실감하고 있습니다. 일주일 1시간, 그나마도 2/3는 게임을 하며 같이 놀아주고, 15분에서 20분 정도만 수학 개념을 설명해줄 뿐인데도 2~3개월 지나면 분수 개념까지 제대로 이해하는 경우가 많습니다. 몇 가지 자료와 주의할 점을 지키면, 아이들은 엄마가 집에서 적어도 분수 이론과 1차 방정식까지는 3~4학년 이전에 지도할 수 있습니다.

이렇듯 초등학교 과정에서 필요한 수학 개념이 그다지 많지 않고 난이도가 높지도 않은데, 실제로 엄마들이 수학을 직접 가르치면 아이들이 수학을 싫어하게 되는 사례가 많습니다. 똑같은 내용을 가르치는데도 불구하고, 그 반응이 극단적으로 달라지는 경우가 많습니다. 유능하고 경험이 많은 교사가 아이들을 가르치면 수학에 신이 나서 재미를 느끼는 경우가 많은데, 집에서는 오히려 부작용이 발생하는 경우가 적지 않은데, 왜 그럴까요?

중요한 원인을 정리하면

⑴ 오답에 대한 두려움

⑵ 수학의 추상적인 성격

⑶ 혼란스러운 설명

때문입니다.

오답에 대한 두려움 극복하기

수학에 대해 거부감을 표시하는 아이들을 데려오면 몇 가지 공통점이 있습니다. 오답이 나올까 봐 두려워하고, 자기가 쓴 답을 가립니다. 짐작해본다면, 오답이 나온다고 계속 지적을 당하기 때문인 것 같습니다. 계속 '틀려도 된다'라고 최면을 걸듯 말해야 합니다. 틀려도 다시 기회를 주고, 비슷한 답을 쓰면 기뻐하고, 격려하며, 잘한다고 칭찬해주면 태도에 변화가 생깁니다.

아이들은 하루가 다르게 성장합니다. 그렇기 때문에 배우는 속도도 빠릅니다. 빠른 만큼 아이들은 매일 새로운 것을 배우는 상황입니다. 그래서 오답을 만드는 것입니다. 오답이 많다는 것은 그만큼 아이들에게는 새로운 내용을 빠르게 배운다는 것을 암시한다는 것을 잊어서는 안 됩니다. 오답이 하나도 없기를 바라는 마음은 나도 모르는 사이에 아이를 이미 익숙한 것에 가두는 작용을 하는 것입니다.

'엄마 수학 성공'의 가장 중요한 비밀이 여기에 있습니다. 아이가 오답을 두려워하지 않게 하는 것입니다. 즉 새로운 시도, 새로운 착상을 과감하게 할 수 있는 태도와 습관을 만들어주는 것입니다.

'93% 룰(93% rule)'이라는 것이 있습니다. 수학 학습에 있어서 93점이 이상적이라는 것입니다. 100점은 물론 완벽하다는 메시지가 있지만, 뒤집으면 아이가 자기가 이미 익숙한 것에 머물러 있다는 것을 암시합니다.

특별히 수학 학습은 이런 점수가 미묘한 신호들을 읽을 수 있는 경우가 많습니다. 항상 100점이 반드시 좋은 것이 아닙니다. 100점이 계속된다면 조금 더 도전적인 내용으로 나아가야 한다는 것을 시사합니다. 마냥 좋아할 일은 아닙니다. 반대로 80점대가 나온다는 것은 무언가 진도가 버겁기 시작했음을 보여주는 조짐입니다. 이렇듯 미세하게 아이의 적정한 진도를 모니터링하면서 세심하게 관리할 수 있는 학원 프로그램은 사실 좀 힘듭니다.

추상적인 수학을 짧게 반복해서 가르치기

수학이 원래 추상적인 것을 다루기 때문에 조심해야 할 부분이 있습니다. 추상적인 내용을 길게 설명하는 것이 부작용의 원인이 되기 쉽습니다. 이미 내용을 오래전에 숙지한 사람은 설명이 어렵지 않지만, 새롭고 낯선 개념을 듣는 사람은 설명 듣기가 쉽지 않습니다.

일반적으로 초등학교 4학년(만 10세 전후) 이전에는 10분 이상 수학 문제에 집중하기 힘듭니다. 일주일에 한 번 하는 멘토링에서는 그렇게 하기 힘듭니다. 일주일을 기다려서 1시간 이상 시간을 들여서 멘토링 센터에 와서 10분을 공부하고 돌아간다는 것은 너무 큰 낭비입니다. 하지만 매일 집에서 가르칠 때는 5분 정도만 수학 개념에 대해 자극하면 충분합니다. 극히 짧은 시간이지만, 5분이나 10분이라도 개념을 반복 설명하면서 매일 반복하면, 한 달만 지나도 많은 공부량을 소화하게 되고, 수학을 아주 잘하게 할 수 있습니다. 일단 재미만 느끼면 진도는 아주 빠릅니다.

혼란스러운 설명 자제하기

쉽게 직관적으로 개념을 심어주면 아주 잘 받아들이는데, 잘못해서 어렵게 설명하면 혼란을 가중시키는 부작용이 생길 수 있습니다. 어려운 설명을 할 것이라면 차라리 하지 않는 것이 더 나을 수도 있습니다. 개념이 혼란스러우면 그것을 바로잡는 노력이 더 많이 필요합니다. 핵심은 아주 간결하고 선명하게 해주는 것입니다. 4학년이면 분수 개념을 공부하게 되는데, 분수부터는 추상적인 개념들이 많이 나오기 때문에 설명을 섬세하게 해주어야 합니다. 앞서도 언급했지만, 초등 교과서를 보면 분수의 분자, 분모를 '가로선 위의 숫자', '가로선 아래의 숫자'로 표현하는데, 한자를 한글로 풀어 쓴다고 해서 학습에 도움이 되지는 않습니다. 분수의 개념 자체가 어려워서 그런 것이지, 한자를 써서 어려운 것은 아니기 때문입니다. 수학에서 새로운 어휘는 그다지 많지 않습니다. 그렇기 때문에 한자를 그대로 사용하는 것이 일단 익숙해지고 나면 암기와 이해에 더 도움이 됩니다. 처음 단어가 등장할 때 충분히 설명해주고, 적어도 5번에서 10번은 반복해서 설명해주어도 된다고 생각해야 합니다. 분수는 '피자 자르기'처럼 직관적으로 바로 눈에 들어오는 예를 들면 충분합니다. 피자가 아니라도 우리 주변에 눈에 보이는 친근한 사례를 들어주면 이해가 빠릅니다. 쌀 한 공기를 바닥에 붓고 이리저리 나누어도 되고, 바둑알을 이용해도 됩니다. 집에서 아이에게 가르칠 때는 다소 시간이 걸리더라도 명확한 개념을 잡아주기 위해서 집에서 쉽게 구할 수 있는 것들로 시각적으로 접근하면 됩니다.

구구단 가르치기

수를 세고, 수의 크기를 비교하며, 조금 더 큰 수에 대해 호기심을 가지고, 그 수들을 더하고 빼며 곱하게 되는 것은 매우 자연스러운 수 개념의 발달입니다. 물론 부모가 아이에게 수 개념을 자극하고, 수를 친근하게 만들어주면 도움이 됩니다. 그러나 한글 익히기를 도와주는 프로그램은 그렇게 어렵지도 않고, 성공률이 높은 반면, 수 익히기에 대해서는 여러 가지 실패 사례들이 많습니다. 어설프게 수를 가르치려다가 오히려 수에 대한 거부감을 일으키는 일들이 많습니다. 하지만 몇 가지만 조심하면 그렇게 어렵지 않습니다.

욕심내지 말기와 욕심내기의 균형

예를 들어, 초등학교 저학년에서는 구구단을 익히면 중요한 수 개념을 가르치는 것이 됩니다. 아이들이 명민해서 대체로 세 차례에서 다섯 차례 정도만 나누어서 가르치면, 구구단까지 쉽게 이해하고 곧잘 소화합니다. 그러면 조금 더 큰 수에 대해서도 다룰 수 있는데, 많은 경우 이 지점에서 부모들이 욕심을 내서 너무 많은 내용을 쏟아 넣으려고 합니다. 초등학교 3학년 이전에만 구구단을 완전히 습득하면 되기 때문에 곧잘한다고 해서 하루 이틀 만에 구구단을 외우라고 하면 부작용이 일어날 가능성이 있습니다. 구구단은 외우지 않는 것이 향후 좀 더 높은 수준의 수학을 공부하도록 하는 데 도움이 됩니다. 구구단은 아주 간단한 구조로 되어 있어서 외울 필요가 없고, 계속 같은 수를 더해 나가게 되어 있습니다. 따라서 원리를 느끼고, 그 원리를 이용해 외우지 않고 구구단 표를 완성해나가는 체험을 통해 수의 원리에 대해 재미를 느끼게 하는 것이 중요합니다. 구구단 표를 만들어서 외우게 하는 것보다는 행렬 구조로

된 구구단 표를 보여주고 빈칸을 채우면서 구구단을 완성해나간다는 느낌을 갖도록 하면 큰 도움이 됩니다. 어떤 개념이 완성되면 그다음의 개념을 제시하고, 그 개념을 향하도록 꾸준히 목표점을 제시해야 합니다. 부모가 앞서나가서 아이가 부담을 느끼게 하면 아이의 자발성 의지가 약해지고, 그대로 방치하면 더 잘할 수 있는 기회를 놓치게 됩니다. 여기에 제시된 다이어그램(구구단 매트릭스)이 그래서 매우 좋은 로드맵 역할을 합니다. 구구단이 확실해졌다고 느끼면, 아주 큰 수들을 보여주는 도표를 제시하고, 큰 수들도 동일한 원리로 접근된다는 것을 생각하도록 유도할 필요가 있습니다.

구구단 매트릭스

X	2	3	4	5	6	7	8	9
2								
3								
4								
5								
6								
7								
8								
9								

아주 큰 수들에 대한 호기심

현실적으로는 그다지 필요하지 않지만, 아주 큰 수들의 이름을 제시하는 것은 수가 가진 재미를 느끼게 해주는 효과가 있습니다. 큰 수들은 일정한 구조를 가지고 있습니다. 서양의 숫자들은 1,000배 단위로 새로운 수의 이름이 등장하지만, 동양의 숫자에서는 10,000배 단위로 이름이 나타납니다. 큰 차이점을 알려 주는 것도 재미있는 경험이 됩니다.

1 경(京) <Capital City>= 1 0000 조(兆)= 10^{16}
1 해(垓) <Earth Munch>= 1 0000 경(京) = 10^{20}
1 자(秭) <Grain Seeds>= 1 0000 해(垓) = 10^{24}
1 양(穰) <Grain Heap>= 1 0000 자(秭) = 10^{28}
1 구(溝) <Deep Sea>= 1 0000 양(穰) = 10^{32}
1 간(澗) <River> = 1 0000 구(溝) = 10^{36}
1 정(正) <Right> = 1 0000 간(澗) = 10^{40}
1 재(載) <Load>= 1 0000 정(正) = 10^{44}
1 극(極) <ultimatum> = 1 0000 재(載) = 10^{48}
1 항하사(恒河沙) <sand on river shore> = 1 0000 극(極) = 10^{52}
1 아승기(阿僧祇) <satisfying monk and Pluto>= 1 0000 항하사(恒河沙) = 10^{56}
1 나유타(那由他) <from far away> = 1 0000 아승기(阿僧祇) = 10^{60}
1 불가사의(不可思議) <mystery> = 1 0000 나유타(那由他) = 10^{64}
1 무량대수(無量大數) <uncountable>= 1 0000 불가사의(不可思議) = 10^{68}

Googol = 10^{100} invented by Milton Sirotta (when he was 9 years old, 1938)
Googolplex = 10^{googol}

여기에 등장하는 큰 수들은 사실 일상생활에서는 사용되지 않는 지나치게 큰 수들입니다. 하지만 고대로부터 전해지는 아주 큰 수들의 이름이 있습니다. 한자로 이름이 붙여져 있기는 하지만, 인도에서부터 전해져왔습니다. 세계 경제가 자꾸 커지면서 가끔 조 단위의 숫자가 등장하기도 하고, 심지어 경 단위의 숫자가 나오기는 하는데, 그보다 큰 숫자들은 실제로는 전혀 필요가 없지 않을까 합니다. 극미의 첨단 기술 분야에서나 먼 우주까지의 거리를 다룰 때는 아주 큰 수가 필요하기는 한데, 그런 과학 기술 분야에서는 10의 몇 제곱 혹은 10의 몇 제곱 분의 1 같은 것을 사용합니다. 하지만 아이들은 이런 큰 수들에 관해 이야기하거나 듣기를 좋아합니다. 이런 실질적인 용도는 없지만, 이런 큰 수들에 관한 이야기를 아이와 주거니 받거니 하는 것은 학습적인 면에서 상당한 의미가 있습니다. 부지불식간에 아이가 아주 큰 수들에 대한 두려움이나 거부감을 가지지 않도록 하는 효과가 큽니다. 따라서 이 한 장의 종이를 출력해 벽에 붙여놓는 것도 꽤 좋은 효과가 있습니다. 이 페이지에는 전통적인 숫자들의 이름을 영문으로 번역해놓았습니다. 왜 이런 이름을 붙였는지 옛사람들의 생각을 더듬어 볼 수 있습니다. 1경(10,000,000,000,000,000, 동그라미가 16개 달린 수)은 수도 '경(京)' 자를 붙여 놓았습니다. 북경, 남경, 동경, 경성, 중경 같은 동아시아 3국의 주요 도시들 이름에 들어가 있습니다. 수도 서울을 일제 침략기에는 '경성'이라 불렀고, 그래서 서울-부산 철도를 '경부선'이라 하고, 서울-인천은 '경인선', 서울-의주는 '경의선'이라고 불렀습니다. 도시에 사는 사람들이 많다는 것과 관련되어 있습니다. 마찬가지로 글자 하나하나에 담긴 뜻은 세기가 힘들 만큼 많은 것들의 이미지와 이야기가 들어 있습니다. 글자 하나에 대한 설명을 재미있게 듣거나 호기심을 느끼고 다음 글자를 설명해주기를 원한다면, 아주 좋은 학습적 효과가 생겨납니다. 결국 마지막 숫자 무량대수라는 것은 셀 수가 없다고 선언하며 끝이 납니다.

1938년에 미국에 사는 9살짜리 꼬마, 밀턴 시로타(Milton Sirotta)가 이런 이야기를 들었던 것이 아닐까 합니다. 이름으로 보아 일본계 미국 가정의 아이였을 것 같습니다. 이 꼬마는 동그라미가 100개 들어 있는 수는 왜 없는지 궁금했던 것 같습니다. 아니면 고대의 인도 수학자가 동그라미 68개에서 더 이상 새로운 수 이름을 짓지 않은 것을 보고, 자신이 그 이름을 지어주겠다고 결심한 것 같습니다. 그래서 '구골'이라는 숫자 이름을 제안한 것 같은데, 왜 그런 이름이어야 하는지는 알 수 없습니다. 어쨌든 이 큰 숫자 이름에서 어마어마하게 큰 회사 이름도 나왔습니다. Google 창립자는 철자를 잘 몰랐든지, 아니면 저작권을 피하려 했는지 다소 다른 이름을 사용했는데, ㅇㅇ이 들어 있다는 것은 같습니다.

포기하지 말기

때로 수 개념이 잘 형성되지 않고, 간단한 수 연산에도 부담감을 느끼는 경우가 있습니다. 그렇다고 하더라도 수 개념을 익히도록 하는 것을 포기해서는 안 됩니다. 예를 들어 곱셈 구구단이 어렵게 느껴지면, 덧셈 구구단을 만들어서 완성시키는 훈련부터 유도하면 상당한 효과를 볼 수 있습니다.

작은 사다리가 되어서 곧잘 그다음 단계에서는 좀 더 자신감을 가지고 나아갈 수 있게 해줍니다. 어려워하면 쉽고 간단한 것을 재료로 만들어주는 노력을 꾸준히 하면, 수 개념은 반드시 좋아질 것입니다.

반복의 중요성을 잊지 않기

수학 개념은 앞으로도 계속 제시해드리겠지만, 고등학교 졸업 때까지 꼭 익혀야 될 개념의 숫자가 몇 개 되지 않습니다. 간단한 개념이 쌓이고 쌓여 더 복잡한 형태로 발전합니다. 따라서 보다 어려운 문제를 해결하려면 긴 학습 기간이 필요합니다. 하지만 더 중요한 것은 중요한 개념에 대한 반복적인 설명입니다. 복잡한 개념도 그 개념을 배우기 이전 단계에서 익혀야 하는 기본적인 개념을 다시 강조하는 것이 필요합니다. 1가지 개념은 아주 짧은 시간에 설명할 수 있는 것들입니다. 따라서 핵심적인 내용만 차례로 설명한다면, 고등학교 미적분 개념까지도 1~2시간 내에 모두 설명할 수 있습니다. 하지만 한 단계를 넘어가기 위해서는 평균적으로 10번 이상의 반복적인 설명과 경험이 누적되어야 합니다. 따라서 곧잘 이해하고 설명이 만족스러웠다고 하더라도 얼마 시간이 지나면 다시 설명할 필요가 생깁니다. 그런 필요를 미리 알고 있어야 합니다. 그렇지 않으면 '엄마 수학'은 가르치는 이와 배우는 아이 모두에게 큰 상처가 될 위험이 있습니다.

엄마 수학 가르치기에서 3가지를 잊지 말아야 합니다. 아이들의 잠재 능력은 충분히 크기 때문에 수학에 대해 얼마든지 선행을 하고 높은 수준에 도달할 수 있습니다. 하지만 단계적으로 꾸준히 지도해야 하기 때문에 먼저 엄마의 욕심과 아이의 잠재력에 대한 무한한 믿음 사이에서 균형을 잃으면 안 됩니다. 아직 소화가 덜 되었는데 무리하게 끌고 나가도 안 되지만, 이미 필요한 수준에 도달해 있으면서도 다음 단계로 나아가지 않으면 아까운 기회와 시간을 놓치게 됩니다. 아이가 스스로 걸어가도록 하되, 아이가 달려 나갈 때는 마음껏 달리도록 두고, 쉬고 있을 때는 다시 달려 나가고 싶은 마음이 들도록 다그치지 말고 기다려야 합니다. 또한 기본 개념에 관해 설명을 요구하면 절대로 싫어하거나 짜증내지 말고 반복해주어야 합니다. 모순된 주장으로 들리지만, 균형과 점검이 필요한 대목입니다. 마지막으로 수학 개념 학습은 아이들마다 가장 적합한 속도가 있습니다. 그리고 아이들 하나마다 일정한 한계가 있을 수 있습니다. 대체로 나이를 먹어가면서 특별한 학습이나 노력이 없어도 그 한계가 저절로 완화되기 때문에 좀 더 상위 개념을 익힐 수 있는 틈새가 발견됩니다. 그 틈새를 발견하는 대로 아이들을 지속적으로 업그레이드 시켜야 합니다. 결국 수학을 잘할 수 있게 하는 가장 중요한 요소는 '학습 속도'입니다. 학습 속도를 적절히 조절하면 아주 쉽고, 빠르게 수학이라는 과목의 부담감을 미리 완화시키고, 자유로워질 수 있습니다. 문제는 수학 지도를 전문적으로 하는 교사들과 교수님조차 그런 속도 개념이 없는 경우가 많습니다.

재수생을 전문으로 하는 학원 강사 중에서 가장 문제 풀이가 뛰어난 교사들이 많은데도 불구하고, 학생들의 개념 습득에 대해 매우 혼란스럽게 느끼는 경우가 많습니다. "특목고에 다니는 학생들조차 수학 문제 해결 능력이 기대에 훨씬 못 미친다"라며 고개를 흔드는 사람도 있습니다. 반면 이미 충분한 실력을 갖춘 학생들에게도 반복적인 학습을 강요하는 사례도 많습니다.

일정 수준 이상의 수학 실력을 갖춘 학생들은 "학원 수업이 전혀 도움이 안 된다며, 적어도 수학은 독학이 오히려 효율적이다"라고 술회하는 사례도 많습니다. 그런 이야기들이 의미하는 것은 수학 학습은 사람마다 맞는 속도가 천차만별이라는 것입니다.

아이가 스스로 수학을 잘한다는 느낌을 유지하는 것이 매우 중요합니다. 아이들은 어떻게 하면 그런 느낌을 유지하고, 자신감을 충만하게 가질까요? 답은 아주 간단합니다. 아이들의 시야는 넓고 높지 않기 때문에 주변의 아이들보다 잘하면 그렇게 느낍니다. 혹은 형제자매 사이에서도 그 우월을 보면서 자신감을 가지기도 하고, 주눅이 들기도 합니다.

그래서 문제가 생깁니다. 주변의 아이들, 학교 급우들, 학원 친구들, 형제자매들이 못 하면 그렇게 될 것입니다. 엄마들은 그래서 주변 아이들이 선행 학습을 하고, 사교육을 받으며, 연산이 빠르고, 오답률이 낮으면 속상해합니다. 그래서 사교육은 '만악의 뿌리'라고 공격합니다. 하지만 실제로 자신의 아이가 수학으로 자신감을 갖지 못 하면, 사교육에 대한 의존을 생각하게 됩니다. 그 자체로 모순입니다.

그래서 웃지 못할 상황이 벌어지기도 합니다. 학원에 보내면서도 학원에서 아이가 수월하게 적응하도록 은밀히 특별 수업을 붙이기도 합니다. 그 수업 중에서도 잘하는 쪽에 들도록 하려고 다른 선생을 붙이기도 합니다. 사교육이 활발한 교육 특구 지역에서는 아주 활동적이고, 적극적인 '돼지 엄마'가 두드러지는데, 이런 사람들의 숨은 의도도 대체로 그런 문제와 닿아 있습니다. 그룹을 구성하되, 자기 아이보다 상대적으로 약한 아이를 넉넉히 넣고, 전교 순위권 아이를 상징적으로 포함시켜서 전체적으로는 우수한 아이들로 구성하되, 자기 아이가 수월성을 만끽할 수 있는 구도를 만들려고 애씁니다. 그게 뭐 중요할까 싶지만 경험상, 그런 구성이 아이들의 심리에는 상당한 영향을 주고, 효과를 강화합니다.

아이들을 데리고 묘한 심리 게임에 휘말려서는 안 됩니다. 그런 게임에 교란되지 않으면서 아이의 자신감을 강화하는 것은 부모가 얼마든지 조절할 수 있습니다. 다른 과목은 몰라도 수학은 그룹 지도를 피하는 게 좋습니다. 아예 대형 강의장에서 수업을 듣거나 온라인 강좌가 오히려 안전할 수 있습니다. 밀도 있고 효율을 극대화하려면 비용이 들더라도 되도록 일대일 수업을 하는 것이 좋습니다.

멘토는 아이의 자신감을 강화하는 데 최우선 순위를 둬야 합니다. 아이의 깨달음, 정답 찾기를 도와주고, 한 발을 내디딜 때마다 격려하고 힘을 주어야 합니다. 그래서 개념 인지가 강화가 되면 결국 학교에서 경쟁력이 빛을 발하기 시작합니다. 연산 실수 등을 지적해서 자신감을 떨어뜨리는 일은 매우 해롭습니다. 생각보다는 그 영향이 크고 길게 흔적을 남깁니다. 연산은 반복이 되면 빠르든, 늦든 발달합니다. 연산이 발달하려면 자꾸 시도해야 하는데, 지적이 잦으면 시도를 기피하게 합니다. 틀리면 기회를 다시 주고, 바로잡으면 크게 칭찬해주어야 합니다.

암산, 필산, 정리 방법에 대해서는 아이 스스로의 방식을 존중해야 합니다. 연산은 결국 정답이 나오게 스스로 훈련이 되고, 빠르게 발달할 수 있습니다. 개념 설명은 명확하고 간명해야 합니다. 수학 개념이 추상적이기 때문에 혼란을 일으킬 수도 있고, 잊을 수도 있습니다. 멘티들에게 제가 주문처럼 하는 이야기가 있습니다.

"학생에게는 잊을 수 있는 특권이 있다. 백번이라도 다시 설명을 요구할 수 있는 권리가 있다. 교사는 백번이라도 다시 설명해주어야 하는 의무가 있다. 재차 설명을 요구하고, 개념을 잊은 제자에게 핀잔을 주는 교사는 좋은 교사가 아니다."

다시 설명을 요구하면 칭찬해주어야 합니다. 용기가 있다고 하면서 말이죠.

놀이를 통한 수 감각 높이기

초등학교 수준에서의 수 감각 익히기는 학습지에서 강조하는 연산 연습이 아니어도 충분히 발달시킬 수 있습니다. 부모들이나 자녀들 혹은 친구들이 같이 즐기면서 수 감각을 발달시키는 놀이가 많이 개발되어 보급되어 있습니다. 주변에서 가장 쉽게 접할 수 있는 트럼프 카드놀이도 상당히 큰 효과를 보여줍니다.

가장 쉬운 게임에는 '7 브릿지', '1 카드', '러미 놀이', '다우트 카드', '4 세트' 등이 있습니다. '7 브릿지'는 조커를 포함한 54장의 카드를 골고루 나눠준 후 7 카드를 내어놓고 연속된 카드를 차례대로 내려놓아 가장 먼저 카드를 정리하는 사람이 이기는 것입니다. 자연스럽게 수에 익숙해지고, 점차 수 사이의 관계를 익혀 나가는 훈련을 하게 됩니다. 주사위를 던져 사다리나 미끄럼을 타면서 종착점에 도착하는 주사위 놀이나 윷놀이도 도움이 됩니다.

이런 게임들은 컴퓨터 게임과는 달리 가족들이 즐기는 게임으로서 또 다른 학습 효과를 얻게 됩니다. 게임에 승부를 경험하면서 져도 화내지 않고, 이겨도 상대방의 기분을 거스르는 거들먹거림을 자제하는 훈련을 하게 됩니다. 지적 특성이 강한 아이들 중에는 지는 것을 병적으로 싫어하고 못 견뎌 합니다. 졌을 때 화내고 우는 모습을 보이는 아이들이 실제로 있습니다. 이런 아이들도 계속 게임의 승부를 반복하게 되면, 지고 이기는 것을 점차 자제하고 의연해지는 모습을 훈련하게 됩니다. 이런 게임에 매우 깊이 매료되어 밤새워서 하는 경우도 생기는데, 크게 걱정할 필요는 없습니다. 방학이나 특별한 주말에 날을 정해 실컷 게임을 즐기게 되면, 지적 에너지를 충분히 발산하는 효과도 있습니다. 장시간 같이 게임을 즐기는 친구를 하나둘 만나게 되면 큰 도움이 됩니다. 많은 친구들에게서 얻을 수 있는 정서적 안정감을 획득하는 계기가 됩니다.

점차 게임에 대한 능력이나 개념이 발달하게 되면, 보다 복잡한 전략을 구사해야 되는 게임으로 옮겨갑니다. 그런 과정을 계속하면 수 감각을 좀 더 자극하게 됩니다. 루미큐브는 이런 게임 중에서는 가장 많이 보편화되어 있어서 쉽게 아이들 사이에서 어울리는 매개물이 될 수 있습니다. 게임을 통해 가족 사이에 즐거운 추억을 만들 수 있는 동시에 수 감각을 예민하게 만들고, 자신감을 불어넣을 수 있기 때문에 일석삼조의 효과를 볼 수 있습니다.

수학 학습의 어려운 고비들

초등학교 과정에서 수학에 대해 어려움을 느끼는 지점은 정해져 있습니다. '엄마 수학'은 이런 고비들을 도와주는 것만으로도 상당한 효과를 보게 됩니다. 학교 교과서는 이런 어려움을 넘기는 데 도움이 되도록 만들어져 있습니다. 그러나 지금 학교는 학생들이 이런 고비를 넘어가도록 도와주기가 어렵습니다. 선행 학습, 사교육이 광범위하게 퍼져 있기 때문입니다. 이미 많은 아이들이 이런 고비들을 사교육을 통해 해결하고 있어서 교실 수업에서 학생 개개인에 대한 위기관리를 기대하기 어렵기 때문입니다. 먼저 초등학교 저학년 과정에서 학생들이 넘어야 할 고비들을 정리하도록 합니다.

한 자릿수에서 두 자리로 넘어갈 때

첫 번째 고비가 되는 두 자리 계산을 도와주기 위해 여러 가지 교보재들이 개발되어 있고, 프로그램도 많습니다. 두 자릿수 이상을 익히게 되면, 더 큰 수에 대해서도 빨리 습득하게 됩니다. 따라서 처음 자릿수가 늘어나는 부분에서 공을 들여 재미있게 원리를 익히게 하면, 첫 번째 고비를 잘 넘어가게 됩니다. 학습지는 부분적으로 도움이 될 수 있습니다. 문제는 학습지의 진도가 너무 획일적으로 경직된 것이 문제입니다. 수학 학습지는 이유가 어떻든 수를 수없이 다루게 함으로써 수에 익숙하게 만들어주는 것에는 도움이 됩니다. 그러나 부작용도 여러 가지 생길 수 있습니다. 대체로 초등학교 저학년까지는 학습지가 상당한 효과를 보지만, 고학년이 넘어가면 효과는 급격하게 줄어듭니다. 완전 학습이라는 논리로 실수하면 다시 반복시키는 접근 방식도 부작용으로 작용할 수 있습니다. 수학은 점점 큰 숫자나 복잡한 숫자들을 다루게 되므로 갈수록 어려워지고, 점점 실수가 많아지게 되며, 그에 따라서 부모에게서 지적받을 위험성이 커진다는 느낌을 줍니다. 그런 일이 실제로 반복되면 수학에 대한 자신감과 흥미를 완전히 잃게 되는 경우가 있습니다. 이런 경우는 그런 부작용을 불식하는 데 큰 어려움이 생길 수 있습니다. 학습지 교육에 있어서는 몇 가지를 보완할 필요가 있습니다. 93% 정확하면 다음 단계로 이행하도록 도와주어야 합니다. 채점을 방문 교사가 하는 것에서 스스로 채점하고, 스스로 교정할 수 있는 기회를 주도록 합니다. 실제로는 이런 접근에 대해 방문지 교사는 자기 역할을 빼앗기게 되기 때문에 협조가 되지 않을 수 있습니다. 일반적으로 방문지 회사들은 진도 조정에 유연성을 주지 않으려 합니다. 회사들로서는 진도 조정을 유연하게 할 경우, 방문 교사의 업무가 늘어나고 관리 부담이 커지기 때문에 잘되지 않습니다. 과제에 대한 흥미가 약화되고, 과제 수행이 점점 지연되면 과감하게 중단할 필요가 있습니다.

자릿수 올리기와 가시적이고 손으로 만질 수 있는 교보재로 원리셈판이라는 것도 개발되어 있습니다. 오진수 개념은 배제하고 위아래로 10개의 구슬을 배치해 자릿수 올리기와 내리기를 쉽게 접근할 수 있도록 해줍니다. 잘 만들어진 교보재를 활용할 수도 있지만, 바둑알이나 장난감으로 수들을 나누고 곱하는 원리를 보여주면, 그것만으로도 아동들이 수 개념을 익히고 깨우쳐 나가는 데 큰 도움을 받을 수 있습니다.

구구단을 익힐 때

초등학교 과정에서 수학에 대해 어려움을 느끼는 두 번째 지점은 구구단 익히기입니다. 구구단 익히기는 암기식으로 접근하기보다는 원리 터득에 주안점을 두는 것이 장기적으로 도움이 됩니다. 더하기가 반복되면서 곱하기 개념이 진화되도록 유도하는 것이 좋습니다. 대체로 2단, 3단, 4단보다 6단, 7단, 8단이 어렵다는 것은 상식적으로 알 수 있습니다. 저단에서 더하기와 곱하기가 밀접하게 연결된다는 것을 느끼도록 하는 것이 고단을 암기하는 것보다 훨씬 더 중요합니다. 구구단 표를 보여주고 암송하도록 하는 것보다는 바둑판처럼 된 칸을 채워나가는 경험이 큰 도움이 됩니다.

수 사이에 일정한 규칙과 질서가 있다는 것을 일깨워주는 것이 암기하는 것보다 훨씬 중요합니다. 6, 7, 8단보다 5단과 9단이 훨씬 쉽다는 것을 눈치채는 아이들도 많습니다. 그래서 그쪽 칸을 먼저 채우려고 하는 경우가 생기는데, 잘못이라고 지적해서는 안 됩니다. 오히려 구구단 표에 들어 있는 질서를 찾아 나가는 과정이라고 이해하고, 칭찬해주면 도움이 됩니다.

구구단 익히기는 철저하게 아이가 수를 받아들이는 속도에 맞춰서 접근해야 합니다. 아이가 편안하게 받아들이는 속도가 가장 적당한 속도입니다. 절대로 욕심을 부리면 안 됩니다. 반대로 아이가 속도를 내고자 할 때, 제지해도 안 됩니다. 부모가 천천히 접근하면 아이가 호기심과 적극성을 가지고 다소 재촉하는 듯한 속도가 가장 좋은 속도입니다. 수가 커지면서 칸을 채워 나가는 속도가 떨어지면, 오히려 중단하고 2, 3, 4단에서의 성취를 강조해줄 필요가 있습니다. 때로 구구단 곱하기를 어려워하는 모습이 보이면, 구구단 더하기로 전환해도 됩니다. 대체로 수학적 개념에 아이들이 몰두할 수 있는 시간은 10~20분이 넘지 않습니다. 더하기 구구단과 곱하기 구구단 모두 왼쪽 위쪽에서 오른쪽 아래쪽으로 이어지는 대각선을 중심으로 대칭 구조가 된다는 것을 일깨워주는 것이 중요합니다.

대체로 구구단 익히기가 끝나면, 초등 저학년에서의 수학 이론은 이렇다 할 만한 것이 없습니다. 그다음은 숫자의 크기를 키워가면서 아이가 큰 숫자를 두려워하지 않도록 하는 것에 주안점을 두면 됩니다. 큰 숫자를 다루게 하는 것이 초등학교 수학에서는 학업 경쟁력이 되는데, 구구단 표에서 19단 곱하기 표로 확장시키면 실제로 수학 개념과 연산 능력을 키우는 데 도움이 됩니다. 대체로 더하는 것을 뒤집으면 빼는 것이 되고, 더하는 것을 반복하면 곱하는 것이 되는 것을 가르치고, 다시 곱하는 것을 뒤집으면 나누기가 된다는 것을 느끼게 해주면 됩니다. 중학 과정 이상이 되면 부모들이 감당하기 어려운 개념 구축을 위한 멘토링이 필요할 수 있습니다. 이런 단계를 느끼기 시작하면 적극적으로 수학 멘토를 찾아야 합니다. 그 단계라면 GES 센터에 상담을 요청하세요. 센터에서 실시하는 고지능 영재 아동 부모를 위한 10주 훈련 과정이 마련되어 있습니다. 13장에서는 훈련 과정에 대한 설명을 정리했습니다.

$$(x+y)^n = \sum_{k=0}^{n} {}^nC_k \, x^{n-k} \, y^k$$

$$2x^2 + 3x$$

$$3^0 = 1$$

$$a^2 + b^2$$

$$\log_a 1 = 0$$

$$(x+y)^n =$$

$$\log_c\left(\frac{a}{b}\right) = \log_c a - \log_c b$$

$$\sqrt[3]{-8} = -\sqrt[3]{8}$$

$$2\pi \quad -\frac{3\pi}{2}$$

$$y = ax^2 + bx + c$$

$$k < 0$$

$$\sum_{k=1}^{n} k = \frac{1}{2}n(n+1)$$

$$\pi \approx$$

$$c^2 = a^2 + b^2$$

$$y = kx^2 \quad k$$

$$60° \quad 30°$$

$$4^{\frac{3}{2}} = \sqrt[2]{4^3}$$

$$\sqrt{2}$$

$$(a-b-c)2 = a2 + b2 + c2 - 2ab + 2bc - 2c$$

$$\sin 30° = \frac{1}{2}$$

$$a^b \, a^c = a^{b+c}$$

$$\sin 45° = \frac{1}{\sqrt{2}}$$

$$\left(\frac{2}{3}\right)^{-3} = \left(\frac{3}{2}\right)^3$$

$$\sin 60° = \frac{\sqrt{3}}{2}$$

13장

고지능 영재 학부모를 위한 훈련 과정

13장.
고지능 영재 학부모를
위한 훈련 과정

이 교육은 안내자의 유도를 받는 부모 토론 모임입니다. 매주 정해진 주제에 대해 참가자들이 토론하는 형식으로 진행됩니다. 적극적인 참여를 통해 스스로 해결책을 찾고 적용하며 변화를 관측합니다. 토론을 통해 양육에 대한 좋은 생각들을 공유하며, 이를 통해 영재 아동들에게 적절하고 유용하다고 생각되는 대안을 선택할 수 있습니다.

'이야기를 나누고 협동 작업을 할 때, 가장 마음에 드는 대화 상대는 바로 영재 아동의 부모들입니다.'

영재 아동의 부모 당사자들이 가장 진지하고, 건설적인 대화를 나눌 수 있는 대상이 됩니다. 그들은 대단히 중요한 역할을 하지만, 흔히 영재 부모들은 영재 아동의 특질, 행태, 문제, 영재 교육에 필요한 여러 가지 도움을 어디서 받을지 모르는 경우가 많습니다. 다른 영재 아동의 부모들과 정보를 교환할 기회가 매우 적습니다. 이 프로그램이 가장 결정적인 효과를 담보합니다. 모임에서 다루어지는 구체적인 내용들은 다음과 같습니다.

주별 핵심 주제

1주 차 : 영재 아동의 특징

2주 차 : 의사소통 - 관계 증진의 핵심

3주 차 : 동기 유발, 열정, 미성취

4주 차 : 양육 기반 만들기와 자기 관리 가르치기

5주 차 : 과도성, 완벽주의, 스트레스

6주 차 : 이상주의, 불만족, 우울감

7주 차 : 지인, 친구, 또래

8주 차 : 외동 자녀와 형제자매

9주 차 : 가치, 전통, 개성

10주 차 : 성공적인 양육의 복잡성

부모는 아이의 첫 번째 선생님인 동시에 아이가 성장하는 긴 세월을 함께하는 선생님입니다. 그러나 부모들이 선생님, 지지자, 멘토 그리고 부모로서 역할을 효과적으로 해내기 위해서는 지속적인 지지와 정보가 필요합니다. 부모 토론 모임은 영재 아동 부모들에게 이러한 것들을 제공할 수 있는 거의 유일한 프로그램입니다. 혼자서 터널을 뚫고 나가는 일은 매우 어려운 과정이 될 수 있습니다. 아무리 어려운 길도 언젠가는 그 끝에 도달할 수 있고, 다소 가파르더라도 이 길이 터널 밖으로 나가는 방향이 맞다는 것을 확신할 수 있다면, 우리는 그 어려움을 이겨낼 수 있습니다. 터널이 똑바르다면 아무리 먼 곳에 출구가 있더라도 우리는 아주 희미한 빛이나마 그것을 기준으로 삼고 나아갈 수 있습니다. 한 걸음씩 걸을 때마다, 그 희미한 빛이 조금씩 더 커지는 것을 확인할 수 있기 때문입니다. 하지만 터널이 굽어지고 때로 내리막길이기도 하고, 무언가 잘못된 길로 들어선 것이 아닌가 의심이 든다면, 우리는 주저앉게 됩니다. 서로가 서로에게 격려하고, 흔들리는 믿음을 붙잡아 줄 수 있다면 우리는 제대로 된 길을 놓치지 않게 됩니다. 아이들만 깐부 그룹이 필요한 것이 아니고, 부모들에게도 깐부 그룹이 필요하다는 것을 깨달아야 합니다. 부모 토론 모임은 부모들이 정보와 고민을 나눌 수 있는 기반이 됩니다. 부모 토론 모임은 매주 한 번, 1시간 30분 동안 진행됩니다. 그리고 매주 1가지 주제를 중점으로 모임이 진행됩니다.

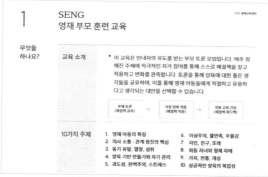

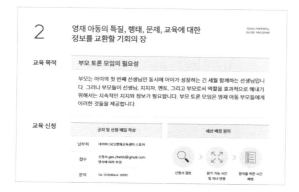

양육 토론 훈련은 어떻게?

실제 토론 주제 샘플 및 주차 교육 세부 일정을 보여드릴께요

1주차 : 영재 아동의 특징 토론 주제

– 영재 아동의 특징은 매우 다양하고 다양한 분야에서 나타난다
– 영재성의 깊이와 과도성은 다양할 수 있다.
– 다중 지능이란..

위와 같은 내용을 간사 (Facilitator) 와 함께 토론하고 제공합니다.
참가자 부모님 모두가 새로운 정보를 더하고 도와주는 SELF-HELP
세션입니다.

1주 차 : 영재 아동의 특징

- 영재 아동의 특징은 매우 다양하고, 다양한 분야에서 나타난다.

- 영재성의 깊이와 과도성은 다양할 수 있다.

- 다중 지능.

- 청각-연속적 사고방식 Vs 시각-공간적 사고방식.

- 다브로스키(Dabrowski)의 과흥분성 이론.

- 영재성 평가.

- 능력이 곧 성취와 직결되는 것은 아니다.

- 잠재력, 지능, 성취를 측정하는 다양한 방법들.
- 지능지수(IQ) 검사가 나타내는 것과 나타내지 않는 것.
- 학교의 영재 판별 계획(학교는 몇몇 학생을 지나치기도 한다).
- 평가받기(한국에서는 풀배터리 검사가 정형화되어 있다. 두 군데 이상 여러 곳에서 평가받는 사례도 적지 않다).
- 영재성에 대한 오해들.
- 영재 아동의 잠재적 문제들.

2주 차 : 의사소통 – 관계 증진의 핵심

- 부모 모델 의사소통 기술들.
- 의사소통의 장벽.
- 적극적인 청취는 의사소통.
- 감정은 받아들이되, 행동을 꼭 받아들일 필요는 없다.
- 말과 신체언어를 서로 알맞게 사용하기.
- 의사소통은 강제로 안 된다 : 적극적 지지가 의사소통을 돕는다.
- 특별한 시간과 장소는 효과적인 소통을 돕는다.
- 상대방의 감정 온도를 읽어 이를 활용한다.
- "나는~ " 문장 사용하기 : 너 메시지보다는 나 메시지가 낫다. "당신이 … 할 때, 나는 … 느껴요. 그러니 부탁해요."
- 자녀의 행동과 본질을 구분하기.

- 자신의 개인적인 경험과 감정을 나누면, 상대방 역시 더 많은 개인적인 이야기를 한다.
- 지킬 수 없는 약속은 하지 말 것.
- 신념은 감정에 영향을 준다.

3주 차 : 동기 유발, 열정, 미성취

- 동기가 부족한 이유.
- 우리 아이는 실제로 동기부여를 받지 못할까?
- 어른인 우리는 무엇에 동기부여 될까?
- 자녀의 현재 위치에서 시작하기 : 동기 유발의 전환.
- 자녀가 무엇을 필요로 하는지 알아차리기.
- 기 싸움(권력 다툼) 피하기.
- 목표 설정 활용.
- 작은 성공을 쌓는다.
- 자녀가 옳은 행동할 때를 포착한다.
- 미리 칭찬하기.
- 결과가 아니라 노력과 시도에 집중한다.
- 자녀와의 특별한 시간(특별 데이트).
- "그렇기는 하지만"으로 시작하는 대화는 피한다.
- 비판 대신 격려(풍자나 조롱은 피한다).

- 개인적인 관계가 중요하다.
- 완벽을 기대하지 말 것.

4주 차 : 양육 기반 만들기와 자기 관리 가르치기

- 처벌보다 훈육(훈육이란 결국 처벌하는 것이라는 생각을 버린다).
- 모든 아이에게 규율과 한계가 필요하다.
- 일정한 선을 긋는 이유는 자녀를 돌보고 보호하려는 것이다.
- 가능한 제한을 최소화하되, 그 제한은 실행할 수 있어야 한다.
- 제한된 한계 내에서는 자유롭게 둔다.
- 한계 설정에 '사랑의 V자'를 활용한다(* 'V' of love는 알파벳 'V' 형태를 이용해 설명하는 양육 방법을 말한다. 최상단의 'V' 지점은 사랑과 지지를 상징하며, 'V'의 아래쪽 선은 한계와 규율을 나타낸다. 이는 사랑과 규율 사이의 균형을 유지하며, 아이들이 성장하고 배울 수 있도록 도와준다).
- 가능한 자연적 귀결(인위적인 예시가 아니라 실제로 일어나게 되는 상황을 스스로 인지하게 하는 것)을 활용한다.
- 일관성이 중요하다.
- 승산이 없는 다툼(둘 다 패배자가 되는 기 싸움), 잔소리, 비교 평가 언행(옆집 누구를 보아라)을 피한다.
- 스스로 선택할 기회를 주고, 선택을 존중해 자존감을 키운다.
- 자녀가 자기 훈련(self-discipline)으로 올바른 행동을 한 것을 세심하게

알아차려 칭찬한다.

- 이기는 방법을 신중하게 고려한다(지게 될 싸움을 피하라).
- 기대치를 명확히 전달한다.
- 가혹하고 정당성 없는 처벌을 피한다.
- 때로는 목표 달성을 확인할 수 있는 일정표나 도표를 활용한다.
- 자녀가 현명하게 행동할 수 있다고 믿고 있음을 표현한다.

5주 차 : 과도성, 완벽주의, 스트레스

- 동시에 일어나지 않는 발달은 스트레스를 일으킬 수 있다
- 어떤 종류의 스트레스나 도전은 도움이 될 수 있다. 그것을 관리하는 법을 배운다.
- 완벽주의의 종류.
- 자신과의 대화(마음의 소리)는 스트레스를 유발할 수 있다.
- 자신과 대화에서 균형이 중요하다 : 부모가 자신과의 대화를 예시로 보여줄 수 있다.
- 비난과 비이성적인 신념은 우리를 무력하게 만든다.
- 소크라테스식 대화법을 활용한다("가장 최악의 상황은 무엇일까?").
- 활동의 우선 순위를 정한다.
- 적절한 휴식, 식이, 운동을 통해 스트레스 관리하기.
- 즉각적인 진정 기술과 'HALT 활용(* HALT : H(hungry, 배고픔), A(angry, 화

남), L(lonely, 외로움), T(tired, 피곤함)).

- "누구의 문제인가?" 물어보기.

- 모든 게 완벽하지 않아도 지속해서 발전하고 있다고 생각하기(지나칠 만큼 이상적인 태도를 보여야 한다).

- 문제를 기회로 삼기.

- 무시해야 할 때와 '정신적인 칸막이 치기' 할 때를 배운다.

- 유머로 긴장 풀기.

- 위기 지속 상황에서는 스트레스 관리 기술을 가르치기 어렵다.

- 회복력 키우기.

6주 차 : 이상주의, 불만족, 우울감

- 모든 영재 아동이 우울증을 겪는 것은 아니다.

- 우울장애의 증상 인식하기.

- 사람들 속에서 이방인이라는 느낌을 강하게 받는다.

- 존재론적 우울증, 삶의 의미 결핍.

- 내면으로 향하는, 자기 자신에 대한 분노를 다시 들여다보라.

- 논리적인 설명으로 우울증을 벗어나게 할 수 없다.

- 이야기를 들어주고, 정서적으로 지지해준다.

- 자녀의 기분이 먼저다. 감정은 옳고 그름이 없다. 감정은 그것이 무엇이든 일단 수용이 되어야 한다. 단순한 응원이나 대수롭지 않게 지

나치는 것은 도움이 안 된다.

- 인간관계와 가벼운 포옹, 토닥임과 같은 소소한 신체 접촉으로 다양한 감정을 전달하는 것의 중요성.
- 자살을 시도할 가능성과 심각성 평가하기.
- 언제 어떻게 전문가의 도움을 추천할 것인가.

7주 차 : 지인, 친구, 또래

- 누가 아이의 진정한 동료인가, 또 어느 분야에서인가?
- 각기 다른 다양한 또래 집단이 종종 필요하다.
- 많은 친구 또는 소수의 친구?
- 성인이 된 우리는 진정한 친구가 몇 명 있는가?
- 고지능아는 기대치가 높고, 다른 이에 대한 참을성이 부족하다.
- 특별한 우정은 종종 강렬하다.
- 혼자만의 시간 vs 함께하는 시간 : 전문 분야에서 명성을 쌓기 위해서는 혼자만의 시간이 필요하다.
- 혼자만의 시간은 스스로 선택한 것인가? 아니면 사회적 기술이 부족해서인가?
- 다른 나이의 아이들이 섞인 또래 집단에서 인정받고, 동화하는 과정인 또래 압력을 계속 받는다(어른들에게도 또래 압력을 받는다).
- 우정에는 여러 단계가 있음을 이해한다 : 친구들과 우정을 쌓아가는

방법에 대해 알려준다.

- 공격적인, 수동적인 또는 적극적인 특성을 보이는 친구는 어떻게 대할까?

- 지도력 혹은 보스 기질? 지도력 기술을 가르친다.

- 역할 놀이를 통해 상황 이해를 돕고, 사회적 기술을 익힌다.

- 자기 주도성과 자신감은 또래 압력을 견디는 데 도움을 준다.

- 부모들이 사회적으로 받는 또래 압력.

8주 차 : 외동 자녀와 형제자매

- 외동 아동에게 너무 많은 권한을 주지 않는다.

- 형제자매 사이에 시너지 효과를 불러일으킬 것인가? 서로 경쟁하며 라이벌 의식을 키워갈 것인가?

- 출생순서에 따른 역할의 중요성.

- 형제자매들은 가족 내에서의 특정한 역할 캐릭터를 나눈다.

- 모 아니면 도, 양자택일 : 형제가 이것이면, 나는 저것이야.

- 아이들은 보통 부모의 관심과 인정을 위해 무한경쟁한다.

- 아이 1명과 부모의 일대일의 시간 보내기(특별 데이트).

- 부정적인 비교는 피하거나 최소화하라.

- 자녀들이 다툴 때 부모가 개입하지 않는다.

- 유능한 사공은 바람과 싸우지 않는다.

- 문제 해결 방법과 공유하는 것을 가르친다.
- 자신의 역할을 확장하고 함께할 수 있도록 이끌어준다.
- 공평이 항상 평등한 것을 의미하지 않는다.
- 형제자매 간 서로 협동하고 도울 수 있게 격려한다.

9주 차 : 가치, 전통, 개성

- 창의적인 아이들은 전통, 의식, 규칙에 대해 반항적이다.
- 창의성, 혁신은 항상 비전통적이다.
- 현 상태에 의문을 품고 저항한 사람들이 사회를 진보하게 한다.
- 전통의 가치는 소속감, 친밀감을 강화하는 것이다.
- 가족의 정체성 형성에 유익한 집안 전통, 안전하다는 느낌.
- 콜버그(Kohlberg)의 도덕 발달 단계, 더 앞서갈수록 덜 전통적이다.
- 전통을 파괴하는 것은 항상 진통이 따른다.
- 반항은 관계를 손상할 수 있다.
- 전통 파괴성을 가진 우리 아이들을 위한 모델은 무엇인가?
- 당신의 집안 전통을 잘 살펴보아야 한다.
- 지금부터 자신만의 전통을 만들어가는 것의 중요성.

10주 차 : 성공적인 양육의 복잡성

- 양육은 환경 변화에 영향을 받는다 : 이사, 이혼, 재혼, 빠른 속도, 소비지상주의.
- 양육 스트레스, 양육의 우선 순위를 정하라.
- 영재 자녀를 어른처럼 여기다. 옭아매는 양육 태도.
- 훈육과 지지를 한쪽으로 치우치지 않게 활용하도록 노력한다.
- 재혼가정, 한부모가정, 조부모가정 상황 : 가족 구성원이 다시 구성될 때 겪는 어려움.
- 가정 내에서 가족만의 규칙이 있는 것은 중요하다.
- 특히 양부모 사이에서 양육에 대해 의견 차이가 있을 때, 일관성 유지를 위해 가족들이 모여 의견을 나누고 조정하며 일관성을 유지해야 한다.
- 중요한 것보다 긴급한 것에 먼저 대응하는 문제.
- 부모들은 재충전을 위한 특별한 시간을 가져야 한다.
- 파트너로서의 부모.

$$(x+y)^n = \sum_{k=0}^{n} {}^nC_k \, x^{n-k} \, y^k \qquad 2x^2+3x$$

$$3^0 = 1$$

$$a^2+b^2$$

$$\log_a 1 = 0$$

$$(x+y)^n =$$

$$\sqrt[3]{-8} = -\sqrt[3]{8}$$

$$\log_c\left(\frac{a}{b}\right) = \log_c a - \log_c b$$

$$y = ax^2 + bx + c$$

$$k < 0 \qquad \sum_{k=1}^{n} k = \frac{1}{2}n(n+1) \qquad \pi \approx$$

$$c^2 = a^2 + b^2$$

$$y = kx^2 \ k$$

$$4^{\frac{3}{2}} = \sqrt[2]{4^3}$$

$$\sqrt{2}$$

$$(a-b-c)2 = a2 + b2 + c2 - 2ab + 2bc - 2c$$

$$\sin 30° = \frac{1}{2} \qquad a^b\, a^c = a^{b+c}$$

$$\sin 45° = \frac{1}{\sqrt{2}}$$

$$\left(\frac{2}{3}\right)^{-3} = \left(\frac{3}{2}\right)^3$$

$$\sin 60° = \frac{\sqrt{3}}{2}$$

부록

학교 폭력의
원인, 대책, 예방

초등학교 고학년이나 중학생이 되면, 아이들은 한두 번 가볍게라도 왕따의 경험을 가지게 됩니다. 피해자가 되기도 하고, 가해자가 되기도 합니다. 어느 나라나, 어느 사회나 이런 문제가 있습니다. 정도의 차이가 있습니다. 그게 문화이고, 교사의 자질이기도 합니다. 이런 문제를 교사가 인식하고, 적극적으로 대처하면 상당 부분 억제됩니다. 아이들은 본능적으로 왕따의 피해자가 되어서는 안 된다는 것을 느낍니다. 그래서 피해자가 되기 전에 가해 집단을 형성하고, 자기 자신을 보호해야 한다는 압박을 느낍니다. 즉 왕따 가해는 피해에 대한 두려움이 먼저라는 것입니다. 공격이 최선의 방어가 되는 것입니다. 교사나 어른들이 잘 이해하지 못하거나 오해하는 부분이 그것입니다.

피해 아동이 문제가 있거나, 그럴 만한 이유가 있어서 이런 일이 발생하는 것이 아닙니다. 그보다는 가해 집단이 집단화되므로 가해 행위를 하는 동안은 그룹에 속하게 되면서 자신이 안전해진다는 경험 규칙에 충실히 따른다는 것입니다. 즉 가해자가 되는 아이는 피해의 경험, 자신에게 취약점이 있다는 불안감을 가지고 있다는 것입니다. 교사나 사회가 그런 문제를 적극적으로 막아주고, 안전을 보장해준다면 이런 문제는 생기지 않거나 가벼운 수준에 머무르게 됩니다.

중학교에서 이런 문제가 두드러지게 되는데, 그 이유는 중학생이 되면 담임 교사가 종일 아이들을 관찰할 수 없는 조건이 형성되므로 심화됩니다. 아이들에게 아이들만의 시간과 공간이 형성되는 것입니다. 교실에 매우 강한 리더가 있고, 그 리더가 아이들의 일탈이나 가해 행위에 대해 규율한다는 느낌이 형성되면 이런 문제는 방지될 수 있지만, 중학생 집단에서 그런 리더가 자연스럽게 형성되는 것은 어려운 일입니다.

집단 따돌림의 피해자는 모자라고, 약점이 많은 아이가 되는 것이 아닙니다. 오히려 외모가 뛰어나거나 공부를 잘하거나, 교사에게 인정받거나 집안이 부유해서 용돈을 많이 받는 아이도 피해자가 될 수도 있습니다. 즉 가해 집단, 가해 주동 학생은 적당한 핑곗거리와 만만한 대상을 고르는데, 생각보다 가해 집단을 형성하기가 어렵지 않다는 것을 느끼면 상당히 적극적으로 피해 대상자를 고르게 됩니다. 2명 정도가 적당한 상대에 대해 교감이 이루어지면 공격은 쉽게 시작됩니다.

왕따는 트집거리만 있으면 시작되기도 하고, 유야무야 시시해지기도 하기 때문에, 곁에서 보면 아이들끼리의 무의미한 장난, 흘러가는 바람처럼 느껴지지만, 이런 일들이 반복되면 점점 강해지고 때로 터무니없는 수준의 괴롭힘으로 발달할 수 있습니다. 초기에 이런 조짐이 나타나면 교사나 어른들이 적극적으로 개입하고, 차단해야만 합니다.

취약점이 있어도 안 되고, 너무 뛰어나서 눈에 띄어도 안 되면, 되도록 평범하면 될 것으로 생각하는 사람도 있지만, 그렇지 않습니다. 가장 확실한 방어책은 자신을 둘러싼 친밀도 높은 그룹을 먼저 형성하는 것입니다. 그래서 오히려 가해 집단에 편입되는 것이 가장 빠르고 안전하다는 논리적 사슬에 얽혀듭니다.

실제로 흘러가는 바람처럼 아주 다양한 핑계로 이 아이, 저 아이가 왕따의 대상이 됩니다. 문제는 어떤 아이는 가볍게 지나치는데, 어떤 아이는 매우 심하게 오랫동안 괴롭힘을 당합니다. 그 차이는 대개 부모와의 관계가 결정합니다. 아이가 부모와 신뢰 관계가 강하고, 부모가 문제를 어떻게든 해결해줄 수 있다는 믿음이 있으면, 아이는 비교적 문제를 빨리 해소하게 됩니다. 하지만 아이가 부모에게 알린다 한들 적절한 조치가 취해질 것이라는 믿음이 없다면 아이는 혼자 고민하고, 어설프게 대응하다가 오히려 가해 집단에게 더욱 취약해질 수 있습니다.

고지능 아동은 원래 기가 세기 때문에 피해자가 되지 않거나, 가해 집단에게 만만치 않다는 느낌을 주는 경향이 있습니다. 하지만, 부모가 아이를 잘 이해하지 못하거나 지지해주지 않으면, 고지능 아동이라도 이 문제에 대해 제대로 대처하기 어렵습니다. 따라서 부모와 자녀 사이의 소통이 원활하다면 이런 문제는 그 자체로 상당한 면역력을 가지게 됩니다. 실제로 왕따가 발생하면 다음의 시나리오로 대응합니다.

⑴ 흔히 부모들은 가해 아동들을 불러 타이르거나 약간의 대접을 하는 것으로 해결을 시도하지만, 잘되지 않습니다.

⑵ 우선 아이에게 이런 가해 집단이 발생하면 부모와 의논할 수 있는 조건이 선행되어야 합니다.

⑶ 부모가 아니라, 아이 스스로 이런 문제를 해결할 수 있는 '힘'을 가지도록 해야 합니다. 따라서 문제가 생기면, 아이에게 대응 시나리오를 잘 정리해서 학습시켜야 합니다.

⑷ 시나리오

왕따는 처음에는 무례한 말로 시작되는 일이 많습니다. 함부로 별명을 부르거나, 무시하는 태도를 보이거나, 비웃거나 놀리는 일로 시작됩니다. 따라서 처음 조짐에 대해 바로 대응하는 것이 중요합니다.

① 신체적인 가해가 아니라고 하더라도 언어적 도발, 불쾌하게 자극하는 언동이 있으면 즉각 대응해야 합니다. 눈을 마주치고, '네가 나에게 이렇게 말했느냐?'라는 대응이 필요합니다. 이런 눈빛 교환만으로도 왕따의 50% 정도는 방지가 됩니다. 가해 집단이나 가해자는 만만한 상대를 고르기 때문에 만만하지 않고, 쉽게 보이지 않으면 타깃을 바꾸는 경향이 있기 때문입니다.

② 상대가 "내가 그랬다. 어쩔래?"라는 태도를 보이면, "하지 마라. 불쾌하다"라고 대응합니다. 두 번째 반격으로 왕따 피해의 70%는 걸러집니다. 가해 학생이 이미 오랫동안 피해자를 선정했고 공격을 시작한 경우라면, 하지 말라는 말에 반응을 보이지 않을 것입니다. 오히려 대응을 도발이라고 역공을 취하면서 겁을 주려 할 것입니다.

③ 여기서 제일 중요한 전환점이 필요합니다. "너는 나에게 불쾌한 말을 했을 뿐 아니라, 겁을 주었다"라고 되도록 여러 다른 학생들이 있는 곳에서 가해 학생의 행동을 언급할 필요가 있습니다. 물론, 다른 학생들이 없는 곳 혹은 가해 집단만이 있는 곳에서 시비가 일어나거나 해서는 곤란하므로, 여러 학생들이 모두 볼 수 있는 교실이나 복도에서 시비가 벌어져야 하며, 되도록 큰 소리를 내어서 여러 아이들이 볼 수 있게 해야 합니다. 그리고 그 장면을 누가 보고 있는지 둘러볼 필요도 있습니다.
그다음, 가해 학생에게 "너 나와 함께 선생님에게 가자. 내가 왜 너한테 이렇게 괴롭힘을 당해야 하는지 따져 보자"라고 제안합니다. 물론 가해 학생은 그런 제안을 따를 리가 없으며, 자기가 그럴 일은 없다고 말할 것입니다.

④ 그런 답을 들으면, 피해 학생은 그 즉시 선생님을 찾아가야 합니다. ③번 절차가 없으면, 아이들은 피해 학생을 '고자질쟁이'라는 식으

로 공격하게 되고, 교사는 "별것 아닌 일로 문제를 일으키지 말라"는 태도를 보일 수도 있으며, 실제로 피해 학생과 가해 학생이 누구인지, 실제로 어떤 일이 일어났는지 객관적으로 판단하지 못하는 일이 생깁니다. 하지만 ③번 절차가 있으면, 피해 학생은 누가 이 장면을 보았고, 누가 시비를 시작했는지, 도발했는지는 몰라도, 피해 학생이 교사에게 같이 가자는 이야기를 했고, 가해 학생이 그에 동의하지 않았다는 것은 명백히 증언하게 됩니다. 따라서 삼자 입장에서 이 장면을 본 학생이 많을수록 유리해집니다. 실제로 교사가 삼자대면하고, 객관적인 목격담을 듣게 되면, 가해 학생에게는 일정한 훈육이나 제재가 가능해지기도 하며, 가해 학생은 최소한 경고를 듣게 됩니다. 여기까지 오면 문제의 80~90%는 해결됩니다. 한 번의 이벤트로 어떤 학생도 이 학생을 왕따 대상으로 삼기는 부담스럽다는 것을 공개적으로 알게 됩니다.

⑤ 간혹 교사가 이 문제를 무성의하게 대등하거나 때로 가해 학생 편을 드는 경우도 있습니다. 그렇게 되면 피해 학생은 즉시 부모에게 연락을 취해야 합니다. 부모는 즉시 이 문제에 대해 조치를 요구해야 합니다.

"학교와 교사가 아이를 적절하게 보호해주지 못한다면, 우리는 아이를 학교를 보낼 수 없다"라는 메시지를 분명하게 전달하고, 적절한 조치가 없으면 문제를 확대시키겠다는 의지를 보여주어야 합니다. 귀찮지만, 단계는 밟아야 합니다. 학년 주임, 교감, 교장, 교육청, 경찰까지 가게 됩니다. 99%, 확대시키겠다는 의지만 보여주면 해결됩니다.

⑸ 시나리오는 자녀에게 교육되어야 합니다. 부모가 학교를 따라가서 아이를 지켜줄 수는 없는 일입니다. 아이는 시나리오가 있으면 다음 단계를 예측할 수 있기 때문에 자신감 있게 행동할 수 있게 되며, 그것만으로도 보통 아이들과는 다른 보호막을 가진 것이 됩니다. 즉 부모의 보호막이 충실하다는 믿음이 있으면 아이는 두려움을 느끼지 않으며, 자신감 있는 행동은 그 자체로 다른 학생들에게는 없는 자신만의 보호막이 됩니다.

존재론적 고민이란?
대응책

"죽으면 뭐가 남나요?"

10살 이하의 어린이가 이런 질문을 한다면, 많은 부모들이 당황합니다. 그러나 이런 질문은 흔하지는 않지만, 영재들 중에서는 흔한 사례입니다. 부모들도 대개의 경우 답이 없습니다. 원래 답이 없는 질문입니다.

첫째, "네 생각에는 어떻니?"라고 묻는 것이 의외로 효과가 있습니다. 내가 어떤 답을 주어야 한다고 생각하면, 스스로 함정에 빠지게 됩니다. 그런 의도를 갖는 순간, 대화는 단절되고 서로 어렵게 됩니다. 같이 답을 찾아 나가는 동반자가 되려는 자세를 유지해야 합니다.

둘째, 존재론적 고민은 철학과 종교의 시작점입니다. 사실 모든 사람이 이런 고민을 가지고 있습니다. 자아가 형성되고 문득 자기 생각을 하게 되는 순간, 이런 고민을 인지하게 됩니다. 7살 이전에도 이런 고민을 시작하는 경우가 많습니다. 놀라서도 안 되고, 그런 고민을 두려워 해서도 안 되며, 고민을 멈추게 하려고 해도 안 됩니다. 물론 정답은 '아무도 모른단다'입니다. '불가지론(不可知論)'이라고 부르기도 합니다. 물론 종교를 가진 분들은 종교에서 확립한 사후 세계, 윤회나 환생에 관해 이야기합니다만, 영재들은 그것을 믿지 못한다고 말합니다. 그런 믿음을 강요하면, 오히려 영재를 무신론으로 몰아갈 위험이 생깁니다. 오히려 신중한 불가지론을 수용하는 자세가 더 바람직합니다.

셋째, 몇 가지 모델은 있습니다.

'육체는 흙으로 돌아가고, 영혼은 하나님께로 간다.'
'영혼의 문제는 설명하기 쉽지 않다.'
'많은 사람이 많은 이야기로 설명하지만, 모두 만족스럽지는 않다.'
'위대한 종교 지도자들과 철학자들의 이야기는 들어볼 만하다.'

아이가 죽음에 관해 고민한다는 것 자체가 아주 빠르다는 것을 증명합니다. 꽥 소리를 질러서 입을 막을 일은 아닙니다. 반드시 아이가 죽음에 대해 인식하고, 생각을 깊이 하도록 한 원인이 있습니다. 가까운 식구나 지인의 죽음 혹은 죽을 것이라는 예상 등입니다. 죽음의 공포를 어떻게 소화하느냐에 따라 기본적인 인격이 형성됩니다. 잘못 받아들이면 허무주의, 비관주의, 냉소주의가 되고, 잘 소화하면 삶에 대한 긍정적 태도, 도덕적으로 높은 경지를 이해하게 될 수도 있습니다. 해답은 결국 부모와의 깊이 있는 대화입니다.

삶은 유한하고, 죽음은 필연인데, 그 끝이 어디인지는 모르지만, 죽음이 하루하루 다가서는 것은 분명합니다. 가족, 자신이 속한 공동체, 어떤 가치에 의미를 부여하고, 자신이 사랑하는 대상을 위해 스스로 목숨과 자신의 모든 소유를 헌신할 수 있게 만드는 순전한 의미의 '사랑'의 대상을 발견하기까지 답이 없습니다. 종교가 대개 이런 문제에 답을 주지만, 만족스럽지 못합니다. 아이가 이 문제에 대해 느끼는 것과 생각하는 것을 시간을 가지고 끝까지 들어주면서 부모, 자식이 같이 답을 만들어나가는 과정이 이루어진다면, 우리가 추구하는 '영재아의 정서적 발달'을 위해 가장 이상적인 촉진 프로그램이 될 것입니다.

죽음의 문제, 가치의 문제, 공포의 문제에 대해 혼자 고민하지 않도록 하는 것이 훨씬 중요합니다. 이런 문제에 대해 답을 얻는 과정은 위대한 문학이나 역사, 정치 비평, 고전적인 영화, 오페라, 훌륭한 강연, 설교 같은 것들을 추구하게 되는 것과 경로가 같습니다. 강압이 없고, 자유롭지만, 많은 위대한 사람들과 사랑하는 가족들 모두가 다 같이 이런 문제를 인식하고 있고, 고민하기도 하며, 어렴풋이나마 옳고 그름에 대한 기준을 만들고 있지만, 간단히 끝나는 문제는 아니라는 것 정도를 이해시킬 수 있다면, 아이는 극단적인 함정에 빠지지 않습니다. 죽음의 문제를 넘어서게 되면, 더 이상 훈련이 필요한 아이가 아니라, 스스로 큰 목표를 설정하고, 목표를 위해 분투하는 어른이 되기 시작합니다. 나이는 들었지만, 이런 문제에 대해 인식하지도 못했던 사람들이 무수히 많습니다. 인식하기는 했지만, 극복하지 못하고 허무주의, 비관주의, 냉소주의에 빠진 덜 떨어진 어른들도 수없이 많습니다. 몸과 나이만 어른인 수없이 많은 어른들 틈에서 아이는 올바른 길을 찾기가 쉽지 않습니다. 하지만 올바른 길을 찾게 되면, 제대로만 찾게 되면, 길 잃은 어른들을 인도하는 숙명을 발견하게 됩니다.

광야의 비유와 셰익스피어의 희곡 〈오셀로〉에서 나오는 '이아고'의 독백 이야기를 통해 이런 효과를 얻을 수 있습니다.

광야의 비유

한 사람이 광야를 걷다가 사자를 만나 도망치다가 구덩이에 빠졌다. 구덩이에 떨어지던 중, 동아줄을 잡았다. 위를 보니 사자가 올라오면 잡아먹으려 으르렁거리고, 아래를 내려다보니 구덩이 바닥에는 독사가 우글거리고 있다. 동아줄에 매달린 사람은 대롱대롱 매달린 상태에서 구덩이 벽틈에서 흘러나오는 석청을 발견하고 찍어 먹으면서 잠시 죽을 수밖에 없는 자기 상황을 잊습니다. 벽 틈에서 흰쥐와 검은쥐가 번갈아 나와서 동아줄을 쏠아 먹습니다. 흰쥐와 검은쥐는 시간 혹은 세월을 은유하며, 결국 죽을 수밖에 없는 인생을 상징합니다.

이야기의 핵심은 죽을 수밖에 없는 운명은 모든 이들의 공통된 상황이라는 것을 암시합니다. 엄마, 아빠도 자유로울 수 없는 것입니다. 혼자만의 문제라고 여긴 아이들이 자기만의 문제가 아니라는 것만 느끼게 되

더라도 훨씬 그 불안도를 낮추게 됩니다. 그런 운명임에도 열심히 사는 부모의 모습을 보면, 아이는 죽음의 공포에서 빠져나올 수도 있습니다.

유튜브 지쌤의 지니어스TV : 존재론적 고민, 세계관 이야기 1화 참고

이아고의 독백

연극 시작 부분에서 이아고는 공동 묘실에 들어가 해골들이 안치된 곳을 보면서 독백합니다. 일세를 사로잡았던 영웅과 절세 미녀도 죽으면, 결국 구더기 밥이 된다는 것을 짚어서 이야기하며, 절대적인 인생의 허무함을 이야기합니다. 결국 이아고는 나머지 인생을 인간의 어리석음과 허무함을 폭로하기 위해 영웅과 미녀를 상대로 장난질(이간질)하면서 살겠다고 결심하는 독백을 합니다. 이아고의 독백을 뒤집어서 우리는 유한한 삶을 살지만, 사랑하는 사람을 위해 무언가를 남기거나 위하는 일을 하면서 살 수도 있다는 것을 말해줍니다.

유튜브 지쌤의 지니어스TV : 존재론적 고민, 세계관 이야기 2화 참고

완벽주의 경향에 대한 대응

어떤 아이들은 완벽주의 성향이 지나치게 강하게 나타납니다. 원인은 여러 가지로, 비현실적인 기준을 세워서 그에 못 미치는 자신에 대해 괴로워하거나, 아예 새로운 과제는 시작도 하지 않으려는 태도를 보이는 사례도 있습니다.

이에 대한 대응은 부모가 지속적으로 긍정적인 암시를 통해, 완벽주의를 완화시키는 것입니다. 암시가 가장 효과가 확실합니다. "지금은 그렇지만, 너는 몇 번 연습하거나 도전하면 결국은 어려움을 극복하고 잘하게 될 거야"라는 메시지를 반복적으로 일관성을 가지고 지속하는 것입니다.

암시는 설득이나 설명, 증명이 아닙니다. 처음 긍정적인 암시를 던졌을 때, 아이에 따라서는 근거를 제시하라는 요구를 하거나, 계속 암시를 부정하는 태도를 보이기도 합니다. 암시는 근거가 필요가 없으며, 일종의 선포나 선언과 같은 태도와 표현으로 짧고 간결하게 하는 것입니다.

선포하고 더 이상 아이의 시비에 말려들지 않는 것입니다.

"아빠가 어떻게 그렇게 될지 아느냐?", "엄마는 뭘 보고 그렇게 믿느냐?"라는 식의 대응이 흔히 나타나는데, 이것에 관해 설명하거나 설득하려고 하면, 오히려 말꼬리를 잡혀서 불필요한 말싸움에 말려들게 됩니다. "그냥 나는 알아"라고 하고, 더 이상의 시비는 차단하도록 합니다. 어떤 아이들은 집요하게 근거를 요구합니다. 그냥 "지쌤이 그랬어. 그리고 나는 지쌤 말을 믿어"라는 식으로 회피해버리는 것이 상책입니다.

암시를 지속하면, 시간이 지나고 반복이 누적될수록 아이에게 침투되고, 축적되기 시작합니다. 그래서 아이는 '정말 그럴까? 한번 해볼까?'라는 마음이 들기 시작하고, 결국 새로운 과제를 부모들이 보지 않는 곳에서 시도하게 됩니다. 실제로 다른 아이들에 비해 훨씬 적은 시도만으로 눈에 보이는 발전, 진보가 일어나게 되고, 그것을 느끼기 시작하면 암시는 좀 더 확신으로 이행하게 되며, 자신감을 가지고 시도와 반복 훈련을 시작하도록 내적으로 작동하기 시작합니다. 1~2가지 사례를 실제로 경험하게 되면, 부모의 암시를 좀 더 강력하게 흡수해 새로운 도전에 대해 전향적인 태도를 가지게 됩니다.

완벽주의 자체는 긍정적인 요소가 많습니다. 고지능 아동들은 완벽주의적 특성이 흔히 나타나며, 그런 요소가 남다른 차별화와 경쟁력을 만들게 하는 에너지 요소가 되기도 합니다. 대체로 그런 완벽주의 경향이 많을수록 일이나 만들어낸 결과물에 대한 완성도가 높습니다. 그런 완벽주의로 괴로워하거나 우는 소리를 하더라도 다소 참아줄 필요도 있습니다. 모른 척하고, 시간이 지나면 스스로 그런 불평이나 하소연을 삭일 수 있는 자제력이 생겨나도록 기다려 줄 필요도 있습니다.

인터넷 매체, 게임 중독?
집착에 대한 대응

이 아이들은 부모 세대보다 훨씬 고도의 정보통신 환경에서 살아가게 될 디지털 세대(Digital Generation)라는 것을 먼저 생각해야 합니다. 디지털 기기나 환경에 되도록 접하지 못하도록 하기는 어려울 뿐 아니라, 바람직하지도 않습니다. 그렇다고 해서 방치하거나 자유방임으로 두기에는 지나치게 집착하거나 빠져들 위험성이 높은 특성을 가진 아이들이라는 것도 사실입니다.

접근성을 막는 것은 어차피 실패할 수밖에 없습니다. 우리 아이는 막아도 아이가 만나는 다른 또래 아이들이 그런 기기나 미디어에 접근하는 것을 막을 수가 없으므로, 결과적으로는 인터넷 환경에서 적응하고, 자제하는 법을 가르치는 것이 옳습니다. 문제는 부모 세대조차 스스로 자제력을 갖기 어려운 특성이 있습니다. 우선 다음과 같이 해보세요.

(1) 규칙을 정하세요.

(2) 규칙은 깨지기 마련이며, 반드시 규칙 재협상을 해야 합니다.

(3) 살라미 전략(Salami tactic, 큰 목표를 달성하기 위해 작은 단계나 부분으로 점진
   적으로 실행하는 전략)을 구사해야 합니다.

　부모들은 기기를 사준다든가, 고사양 컴퓨터로 업그레이드 한다든가 할 때 사용할 수 있는 카드가 있습니다. 결과적으로 아이와 규칙을 정하는 기회가 생깁니다. 아이가 원하는 수준이 있고, 부모가 허용하고 싶은 수준이 있습니다. 차이가 있다고 하더라도 적정한 선에서 기준을 정합니다. 하루 20~30분, 2~3시간 차이는 중요하지 않습니다. 아이는 자신이 원한다고 해서 무한정 마음대로 할 수는 없다는 것을 배워 나가는 것이 중요합니다. 하루에 4~5시간을 한다고 해서 그것 자체가 문제가 되지는 않습니다. 고지능 아동은 마치 개미가 설탕을 쫓아가듯 콘텐츠가 풍부하고, 많은 쪽으로 쏠리게 마련입니다. 선정적이고, 자극적인 것만 쫓아가지는 않습니다.

　협약이란 것을 잊어서는 안 됩니다. 부모가 제시하는 수준과 아이가 요구하는 수준 사이에는 차이가 있기 마련이고, 짧든 길든 약간의 토론과 줄다리기가 생깁니다. 그 과정을 약간 즐겨도 됩니다. 일단 적당한 선에서 기준을 정합니다. 아이가 집요하게 요구하면 해보고, 너무 부족하면 한 달쯤 해보고 조정할 수도 있다는 여지를 주는 것도 좋습니다. 규칙이 아무리 엉성해도 있는 것과 없는 것에는 차이가 있습니다. 그냥 '적당

히 알아서 자제하겠지'는 잘 안 됩니다. 그리고 일단 아이에게 자율권을 한 번 주어버리면 되찾아 오기는 무척 힘듭니다.

거의 틀림없이 아이는 규칙과 기준을 지키지 못하며, 어기게 됩니다. 처음부터 자신이 원했던 수준이 아니기 때문일 수도 있지만, 자신이 제시한 기준이라도 하다가 보면 더 하고 싶게 됩니다. 이것을 약속을 지키지 못하는 도덕적인 태도로 공격해서는 안 됩니다. 오히려 "잘 안되네. 그러면 지킬 수 있는 기준을 다시 만들어보자"라고 재조정을 해야 합니다. 그래도 한 달은 기준을 지키도록 노력해보자 정도로 자제력을 요구해야 합니다.

부모는 재조정 과정에서 약간의 양보하는 모습을 보여주어야 합니다. 하지만 함부로 너무 많이 기준을 완화하면 안 됩니다. 30분 혹은 1시간 정도 야금야금 양보하고, 다시 재조정할 때는 10분, 15분처럼 아주 조금씩 조정해야 합니다. 적은 양보를 여러 번 하는 것이 아이에게 자제력을 발달시키도록 유도하는 데 도움이 됩니다.

실패가 일어나는 것은 갈등이 격화되고, 도덕적인 비난이 추가되며, 어느 날은 "네 마음대로 해"라고 감정적으로 뱉었다가, 도로 "안 돼" 하고 일관되지 않은 태도를 반복하는 것입니다. 규칙 합의, 재조정, 또다시 재조정 과정을 거치면서 시간과 세월을 벌어야 합니다. 어떤 수준에서 아이가 규칙을 준수하든지, 그사이에 고등학생, 대학생이 되어버리면, 그다음에는 실제로 아이 스스로 자제하도록 하면 됩니다.

생활 습관 잡아주기

　많은 부모들은 자신의 아이가 예의 바르고 자기 주변을 잘 정리하는 아이로 성장하기를 바라지만, 그런 생활 습관을 잘 가르치려면 몇 가지 고려 사항이 있습니다. 아이는 통제받기를 원하지 않으며, 지시에 따르는 것을 싫어합니다. 좋은 생활 습관은 어릴 때일수록 가르치기가 쉽지만, 고지능 영재 아동들은 자아의식이 아주 빨리 형성되기 때문에 아이가 말귀를 알아듣는 것 같으면, 서둘러서 생활 습관 교육을 시작해야 합니다. 조금만 나이가 들어도 다루기 쉽지 않을 정도로, 자기 생각을 주장하기 시작합니다.

　예를 들어 양치질을 가르치려고 합니다. 어른들 생각에 잠깐 하면 될 것 같은 쉬운 일이지만, 아이들에게는 양치질을 3분 정도 꼼꼼히 해야 하는 작업으로 상당한 부담이 될 수 있습니다. "이를 닦아야지"라고 하면, 여러 가지 핑계를 대면서 "나중에 하겠다"라고 하면서 지연하거나 그냥 넘어가려고 합니다. 이때 "네가 할 때까지 지켜보겠다"라고 하면, 이는 오히려 부모가 지는 게임이 시작될 수 있습니다. 어른들은 생활을 책임지는 입장에서 하나의 과제가 해결되면 다음 과제를 해야 하는 시간에 쫓기는 입장이고, 아이는 책임질 과제가 적기 때문에 무한정의 시간을 가진다고 할 수 있습니다. 마음이 급한 부모는 시간에 쫓기기 때문에 답답한 나머지 화를 내거나 아이에게 소리를 높이고, 아이를 강제해야 하는 상황에 빠져듭니다. 아이는 이런저런 핑계를 끝없이 만들면서 부모와의 기 싸움을 즐길 수 있게 됩니다. "나중에 한다", "자기 전에 할 것이다"라는 것처럼 자꾸 지연할 수 있고, 큰소리에 쫓겨 화장실로 들어가도 거기서 1시간씩 물장난하면서 시간을 끌 수도 있습니다.

이에 대한 기본적인 전략은 'hit and run' 전략입니다. 아이에게 "이런 일은 이렇게 하는 거야"라고 선언하듯이 한마디하고, 아이가 하든지 말든지, 그 자리를 떠나서 내가 해야 할 다른 일을 시작하도록 합니다. 내가 해야 할 일이 어떤 것이든 마무리하고 돌아온 다음, 아이가 지시를 따르지 않았으면 다시 "해야 한다"라고 말하고, 자리를 떠나버립니다. 부모들은 마음속으로 '하루에 3번 정도 3년에 걸쳐서 3,000번 정도 반복할 것이다'라고 마음먹어야 합니다. 그 자리에서 아이와 결판을 내려고 마음먹으면, 단시간의 승부에서는 아이가 절대로 유리합니다. 하지만 3년 정도에 걸친 긴 시간의 단위에서 부모가 포기하지 않고, 지속하면 어른들이 이기게 됩니다. 실제로는 10번 내외 혹은 20번 내외에서 아이는 '엄마, 아빠는 이 문제는 절대로 포기하지 않는구나'라고 느끼면, '빨리 해치우는 것이 낫겠다'라고 판단하고, 하기 시작하게 되면 빠르게 습관으로 자리 잡게 됩니다.

제1원칙은 아주 쉬운 것부터 시작해야 합니다. 현관에서 '신발 가지런히 놓기'는 2~3초밖에는 걸리지 않는 쉬운 습관입니다. 이런 일조차도 3,000번 'hit and run'을 할 것이라는 의지가 없으면, 습관으로 만들어주기 어렵습니다. 그게 되기 시작하면, '옷은 옷걸이에 걸어서 벽장에 넣기'를 가르칩니다. '아침에 일어나면 이불을 한 번 털어 반듯이 침대 위에 펴놓기' 등으로 나아가면 됩니다. 방 치우기는 잘하려면 20~30분 이상 걸리는 큰 작업입니다. 처음에는 큰 바구니를 넣어주고 놀다가 어질러 놓은 장난감이나 방바닥에 널려 있는 물건을 넣도록 유도합니다. 그 단계가 지나면 바구니를 둘로 나누어서 하나는 장난감, 하나는 빨랫거리를 넣도록 합니다. 아이에게 심어주어야 할 습관을 20~30가지만 선정해 난이도와 소요 시간을 기준으로 리스트를 만들어 쉽고 빠른 것부터 습관을 유도하면 반년도 걸리지 않아서 자기 방과 물건을 정리하는 습관이 완성될 수 있습니다.

리스트

1. 신발 가지런히 놓기 (3초)
2. 집에 들어와 식구들에게 인사, 알리기 (5초)
3. 밥그릇, 국그릇, 수저 싱크대에 넣기 (10초)
4. 옷걸이에 걸기 (10초)
5. 실내복 갈아입기와 옷 걸기 (15초)

---

6. 물 떠오기 심부름 (15초)

7. 식사, 수저 놓기, 밥그릇, 국그릇 놓기 (20초)

8. 침대보 펴서 덮어두기 (20초)

9. 이빨 닦기 (3분)

10. 아빠 구두닦이 (10분)

11. 자기 책상 정리 (10분)

12. 재활용 쓰레기 버리기 (10분)

13. 음식물 쓰레기 버리기 (10분)

14. 빨래 정리 (10분)

15. 머리 감기 (10분)

16. 샤워하기 (15분)

17. 편의점 심부름 (20분)

18. 세탁기 돌리기 (15분)

19. 방 치우기 (30분)

　　① 큰 바구니에 쓸어 담기 (5분)

　　② 바구니 2개(빨래 바구니, 장난감 바구니)에 나눠 담기 (7분)

　　③ 책, 학용품, 악기, 장난감 제자리에 넣고, 바구니 2개 정리 (10분)

　　④ 방 쓸기 (10분)

　　⑤ 방 쓸기와 걸레질 (15분)

20. 설거지 (30분)

21. 옷장 정리 (30분)

22. 책장 정리 (30분)

23. 세탁기, 건조기 돌리기, 빨래 정리 (1시간)

부모의 역할 분담

    고지능 아동들은 고집이 매우 세고, 선호가 분명해서 자기가 좋아하는 행동이나 활동을 말리기가 어렵고, 무언가 부모가 유익하다고 하는 활동을 유도하기도 어렵습니다. 결국 아이는 하나인데도 3~4명의 아이를 기르는 것처럼 힘이 듭니다. 아이가 잘 통제가 되지 않으면, 아이를 통제하는 문제로 부모 사이에도 의견 충돌이 일어나기 쉽습니다. 주 양육자는 배우자에게 직간접적으로 비난을 듣거나, 무능한 것 아니냐는 무언의 질책에 시달리거나, 불필요한 죄책감에 짓눌릴 수도 있습니다. 고지능 영재들은 다소간 정도의 차이는 있지만, 대체로 자기 생각을 관철하려는 의지가 강하고, 자신이 얻어내려는 것이 있으면, 매우 집요해서 포기시키는 일도 쉽지 않습니다.

    고지능 영재를 양육하기 위해서는 부모들은 다른 부모보다 훨씬 높은 차원의 협력이 필요합니다. 필자가 권하는 역할 분담은 대체로 다음과 같습니다. 엄마는 생활 습관을 잡아주고, 아이가 가족 내부나 외부에 대해서 민폐를 끼치고 갈등을 일으키지 않도록 적어도 청소년기까지는 가르치고 지적하는 악역을 맡습니다. 아빠는 이런 상황에서 엄마보다는 아이를 감싸고, 달래는 역할을 하는 것입니다. 엄마가 악역을 맡아야 하는 것은 대개의 경우, 아이가 어릴수록 주 양육자는 엄마가 될 가능성이 높기 때문입니다. 가정 내의 특별한 상황으로, 엄마가 외부 일을 하고, 아빠가 주 양육자가 된다면, 그 역할은 반대가 되어도 됩니다. 아빠 혹은 주 양육자의 배우자가 주 양육자를 도와주기 위해, 주 양육자 편에 서서 아이를 같이 압박하는 경우 효과가 떨어집니다. 아빠 혹은 부 양육자가 주 양육자와 함께 아이를 윽박지르는 상황이 되면, 아이 입장에서는 2:1로 힘이 밀리는 상황에서는 다소 억눌립니다. 그러다가 아빠 혹은 부 양육자가 직장에 가고, 엄마 혹은 주 양육자 혼자 있을 때, 일대일 상황이 되면 오히려 자신의 힘이 우세하고 유리하다고 느끼기 때문에 더욱 고집을 피우거나 부모에게 반항하는 태도를 강화할 수 있습니다.

반대로 아빠 혹은 부 양육자가 같이 있는 시간은 상대적으로 짧기 때문에 그 시간에는 다소 허용적이고, 아이를 감싸는 태도를 보여주면, 주 양육자와 같이 있는 긴 시간은 다소 불편하더라도 주 양육자의 요구를 마지못해서라도 수용하는 태도가 나타납니다. 즉 부모가 아이를 효과적으로 통제하는 전략으로서 천사역과 악역을 나누어 강온 양면으로 대응하는 것이 더 효과가 높습니다. 천사역은 짧은 시간 밖에는 같이하기 어려운 부 양육자가, 악역은 긴 시간 아이와 부대끼는 주 양육자가 맡는 것이 훨씬 효과적입니다.

생활 습관을 하나씩 정립해나가는 과정은 앞의 '생활 습관 잡아주기' 편을 참조하시면 도움이 됩니다. 아이의 반응, 성장 수준을 보아가면서 단계별로 생활 습관을 유도하려면, 주 양육자는 일정 나이까지는 지속적이고 일관성 있는 태도를 유지해야 합니다. 그렇다고 하더라도, 부지불식간에 그것이 과도해서 아이가 압박감을 느낄 때, 부 양육자가 아이를 감싸 안는 태도를 보여주면, 아이는 그런 순간 약간의 해방감을 느끼고 숨을 쉴 수 있게 됩니다. 즉 지나친 압박감에서 놓여남을 느끼고, 자신의 생활 습관을 조정해 나갈 수 있는 여유를 얻게 됩니다. 이럴 때, 주 양육자가 부 양육자에게 내 편을 들어주지 않는다고 불평을 늘어놓기보다는 "아빠 때문에(혹은 엄마 때문에) 교육이 안 돼요. 아빠 체면을 생각해서 내가 참아야지"라고 하면서 슬쩍 아이와의 기 싸움에서 빠져나와서 정신적인 휴식을 얻는 것이 낫습니다. 부 양육자는 "엄마가(혹은 아빠가) 너무 빡빡하지?"라는 말이나 태도로 아이를 달래고, 아이가 진정되면, 주 양육자가 요구하는 것을 친절히 설명해주고, 아이가 협조하기를 유도하는 것이 훨씬 더 나은 결과를 얻게 되는 길입니다.

아이가 문제를 일으켰을 때 1분 동안 질책 끝내기

질책을 길게 하면, 그 자체로 과잉 처벌이 됩니다. 짧지만 효과가 충분한 질책을 해야 합니다. 시간은 짧지만, 아이에게 장기간의 훈육 효과가 생기도록 하는 원칙을 소개합니다.

1단계 : 사실 관계의 확인

어떤 문제가 발생하면, 아이에게 실제로 일어난 일이 무엇인지 스스로 설명하도록 합니다. 이때 아이를 다그치면 안 됩니다. 매우 차분하게 실제로 어떤 일이 일어났는지 차근차근 확인해야 합니다. 흥분하거나 화를 내서는 안 됩니다. 편하고 솔직하게 말하도록 유도해야 합니다. 이 과정에서 아이는 자신이 변명하고 싶은 사항이 있다면, 충분히 말하도록 해야 합니다. 1분 중에서 이 부분에서 대부분의 시간이 지나도 무방합니다.

2단계 : 일어난 일에 대한 한 줄 정리

아이가 말하는 주장은 일단 믿어준다는 암시가 필요합니다. 듣다가 보면 아이가 자신의 잘못을 감추거나 흐릿하게 만드는 말이 섞이는 것을 알아차릴 수도 있지만, 너무 세세하게 확인하고, 따지는 것은 적절하지 않습니다. 아이의 변명이나 설명이 끝나면 핵심적인 내용만 추려서 한 줄로 정리하고 그게 맞는지 확인합니다. 아이는 그 말에서도 자기 입장을 좀 더 반영하려 할 수도 있습니다. 그렇다면 그런 요소를 첨가해서 정리해줍니다.

3단계 : 짧은 지적과 3~5초 정도의 눈싸움

아이의 변명을 모두 수용한다고 하더라도, 이런 일은 일어나지 않았어야 한다고 말합니다. 그리고 3초에서 5초 정도의 눈싸움을 해야 합니다. 아주 짧은 눈싸움이지만, 이 순간이 아이에게는 가장 강력한 느낌을 전달합니다. 이때는 눈빛을 피해서는 안 됩니다.

4단계 : 질책의 끝을 선포

눈싸움이 끝나면, '이제 되었다'라고 질책이 끝났다는 것을 선언합니다. 그리고 실제로 끝내야 합니다. 다음에 다른 일로 다시 질책하더라도 한 번 지나간 일을 다시 끄집어내어 재차 비난하는 것은 자기 말을 지키지 않는 것이 됩니다.

질책을 1분 안에 모두 끝낸다는 것이 의아하고 납득이 안 간다는 분들이 있지만, 실제로 해보면, 긴 시간 많은 이야기를 한다고 해서 효과가 있는 것이 아닙니다. 아이의 주장이나 해명, 변명할 기회가 제공되고, 부모는 다소 불만스럽더라도 아이의 이야기를 믿어준다는 자세나 태도가 전달되어야 아이가 들을 수 있는 상태가 됩니다. 그 모든 이야기에도 불구하고 잘못된 상황이 발생했다는 것은 한마디로 지적되고, 눈싸움이 시작되면 그것만으로 아이는 강렬한 훈육을 받게 됩니다. 아이에게 "제가 잘못했어요. 다시는 그러지 않을게요"라는 답을 얻으려고 하는 것은 지나친 바람입니다. 그 정도는 아이의 자존심이 크게 손상되는 지경이 됩니다. 눈빛 교환으로 충분한 메시지가 전달되었다고 생각해야 합니다. 실제로 그 이후 상당한 효과를 확인할 수 있습니다. 상대가 완전히 항복할 지경까지 몰아세우려 하면, '과잉 질책'이 되며, 또 다른 문제를 일으킵니다.

양육의 과정이 자칫 '기 싸움'이 되면 늪에 빠지게 됩니다. 고지능 아동의 경우는 훨씬 큰 어려움을 만들어냅니다. 적당한 수준의 지적과 견제, 아이의 자존감을 훼손하지 않도록 하는 배려가 중요합니다. 완전 항복을 기대해서는 절대로 안 됩니다. 짧게 메시지를 최대한 줄여서 아주 강렬해야 합니다. 그리고 아이가 분명히 상황을 이해했을 것이라고 믿어야 합니다. 실제로도 그렇습니다. 자존심 강한 아이는 그러면 그럴수록 더 경직된 모습을 보일 수 있습니다.

칭찬하기의 딜레마 – 그리고 명확한 기준

양육 과정 속에서 '칭찬'을 잘하는 것에 대해 논란이 있습니다. 한쪽에서는 "칭찬을 아끼지 않으면 고래도 춤추게 한다"라고 합니다. 그 반대편에서는 "칭찬이 과하면, 아이는 칭찬에 중독된다"라고 합니다. 아이는 칭찬받을 만한 과제만 하게 되며, 다소 어려워 보이는 목표가 나타나면 아예 시작도 하지 않게 된다는 것입니다. 또 별것 아닌 작은 성과만 나와도 부모가 칭찬해주지 않는다고 투정을 부리게 된다는 것입니다.

우리 문화는 자녀 양육에 있어 칭찬이 인색한 편입니다. 다른 부모들이 칭찬을 아낄 때, 우리 집에서는 칭찬을 풍부하게 활용하면, 아이에게 긍정적인 효과를 최대로 끌어올릴 수 있습니다. 하지만 칭찬이 가지는 폐해와 부작용에 대해서 걱정을 안 할 수 없습니다.

흔히

'결과를 칭찬하지 말고, 과정을 칭찬해야 한다.'

라고 하는데, 과정을 칭찬해야 한다는 말의 진짜 뜻이 다소 모호합니다. 부모들과의 상담 과정에서 이 말을 살짝 바꿔 보았더니 보다 의미가 잘 닿는 것 같습니다.

의도를 칭찬하세요.

예를 들어, 아이가 엄마를 돕는다고 접시를 나르다가 떨어뜨려서 접시를 깨뜨렸다고 가정해봅시다. "얘야, 네가 하는 일이 그렇지. 너는 가만히 있는 것이 돕는 거다"라고 말하고 싶겠지만, 다음과 의도를 칭찬하세요.

"괜찮아. 접시는 다시 사면 되지. 네가 엄마를 도와주려고 했던 그 마음이 너무 고맙구나."

두 번째는 개선된 부분을 찾아서 칭찬해야 합니다. 아이가 85점짜리 시험지를 들고 왔다고 가정한다면, 부모의 마음은 '얘가 언제나 되어야 다른 아이들처럼 100점짜리 시험지를 들고 올까?'라는 마음이 들 수도 있습니다. 하지만 다음과 같이 말해주어야 합니다.

"지난번에는 75점이었는데, 10점이나 더 높은 점수를 받았구나."

만약 점수가 하향되었다면 어떻게 해야 할까요?

"문제가 어려웠나 보다. 그러고 보니 순위가 올랐구나."

점수도 내려가고 순위도 내려갔다면 어떻게 해야 할까요?

"지난주 감기로 고생했음에도 불구하고, 그 정도면 네가 많이 노력한 것 같구나."

지난주, 지난달, 작년과 비교해서 나아진 점을 애써서 찾아낸다면, 반드시 칭찬할 만한 요소를 찾아낼 수 있습니다. 심지어는 아직 일어나지도 않았지만, 앞으로 아이의 성장을 꿈꾸면서 미리 칭찬하는 일도 의외로 큰 효과를 발휘합니다.

샐리 양키 워커 박사의 영재 자가 진단법

지능 검사보다 부모들 스스로가 해볼 수 있는 자가 점검법이 훨씬 중요합니다. 샐리 양키 워커 박사(Sally Yahnke Walker)가 제시한 평가 항목 30가지가 공개되어 있습니다(출처 : The survival guide for Parent of Gifted kids). 전문가라고 해도 외부의 평가 선생님은 아이의 생활 전반을 볼 수가 없고, 영재나 고도 영재를 평가해보는 기회가 생각보다는 많지 않습니다. 한편부모는 다른 아이들과 비교해볼 수 있는 기회가 많지 않습니다. 하지만부모가 조금만 객관성을 가지고 평가해보려는 노력을 기울인다면, 오히려 자가 평가가 훨씬 더 고도 영재성을 정확히 판별할 수 있습니다.

샐리 양키 워커 박사의 영재성 평가 항목

1. 보통 아이들보다 일찍 보고 들었는가?

확실히 그렇다(3) **그런 편이다**(2) **잘 모르겠다**(1) **별로 그렇지 않다**(0)

신생아의 시력은 8~12인치 거리에 있는 물체를 볼 수 있는 정도입니다. 색깔을 보는 능력은 4~6개월 사이에 발달됩니다. 생후 2개월 무렵까지 천천히 움직이는 물체를 180°까지 따라볼 수 있게 되며, 사람 얼굴을 선호합니다.

태어나자마자 뚜렷뚜렷 눈을 돌리며 보는 아이도 있습니다. 하지만 일주일까지는 눈이 차차 맑아지면서 이주 이후에야 시선의 움직임이 나타납니다. 듣는 것도 대체로 이주 이내에 문 여닫는 소리에 놀라는 듯 반응을 보였다면 빠른 것입니다.

2. 활동성이 강한가?

확실히 그렇다(3) **그런 편이다**(2) **잘 모르겠다**(1) **별로 그렇지 않다**(0)

10년 전까지도 아이가 서서 걷기 시작하는 것을 생후 1년 돌 무렵으로 인식했습니다만, 점점 아이들의 발육이 빨라져서 6개월 이전에도 서서 움직이려는 아이들이 많습니다. 주의해서 보아야 할 것은 근육 발달보다 움직이려는 의지가 앞서서 애를 써서 기려고 하거나, 일어서려고 하거나, 보행기를 끌고 다니며 부딪히려 했는지가 중요합니다. '어린아이 몸에 갇힌 어른'인 듯, 자신의 한계를 뛰어넘고자 하는 태도를 가진 아이들이 있습니다. 결과적으로는 부산스럽고, 유난스러우며, 시끄럽고, 사고를 치는 아이입니다. 다치기도 잘하고, 남들이 하지 않는 짓을 시도하려다가 말썽을 일으키곤 합니다.

3. 게임이나 독서에서 어른이나 자기 또래보다 나이 많은 아이들에게 어울리는 것에 흥미를 보이는가?

확실히 그렇다(3) **그런 편이다**(2) **잘 모르겠다**(1) **별로 그렇지 않다**(0)

4. 한번 시작한 과제에 집착하는가?

확실히 그렇다(3) **그런 편이다**(2) **잘 모르겠다**(1) **별로 그렇지 않다**(0)

> 10살 이하의 아이들에게서는 어떤 놀이라도 20~30분 이상 재미를 느끼기가 쉽지 않습니다. 10살 이하에서 1시간 이상 특정한 놀이나 과제에 집중하는 모습이 보인다면 확실한 특성으로 볼 수 있습니다. 4~5시간 이상 종일 혹은 몇 날 며칠을 매달리는 아이도 있습니다. 하지만 30분 이상 1시간 정도라면 그런 편으로 평가하고, 1시간이 넘어가는 경우가 있었다면 확실하다고 평가해주세요.

5. 남들보다 좀 더 자세히 관찰하려는 자세가 있는가?

확실히 그렇다(3) **그런 편이다**(2) **잘 모르겠다**(1) **별로 그렇지 않다**(0)

> 미술관, 박물관에서 다른 사람은 충분히 구경했다고 느끼고 지나가더라도 자기는 좀 더 자세히 보려 하는 모습을 보였다든가, 망가진 시계를 분해해보려 한다든가, 남의 집에 가서도 무언가를 열어보고 작동해보려는 모습을 보입니다.

6. 비상한 기억력이 있는가?

확실히 그렇다(3) **그런 편이다**(2) **잘 모르겠다**(1) **별로 그렇지 않다**(0)

7. 같은 문제를 여러 가지 방법으로 풀어 보려고 하는가?

확실히 그렇다(3) **그런 편이다**(2) **잘 모르겠다**(1) **별로 그렇지 않다**(0)

이제 답을 알게 되었음에도 다른 답이 있는지, 다르게 해결하는 방법이 있는지를 생각해보는 모습이 있습니다.

8. 남들이 지나쳐버리는 문제를 지적하거나 걱정하는가?

확실히 그렇다(3) **그런 편이다**(2) **잘 모르겠다**(1) **별로 그렇지 않다**(0)

세계 식량 위기, 환경 위협, 인구 문제, 전쟁 등에 대해 걱정합니다. 죽음, 윤회, 우주의 생성 등 지나치게 큰 문제에 대해 고민하는 모습을 보입니다.

9. 문제를 해결하는데 보통의 방법이 아닌 것을 사용하려 하는가?

확실히 그렇다(3) **그런 편이다**(2) **잘 모르겠다**(1) **별로 그렇지 않다**(0)

엉뚱한 발상이나 반대로 생각해보려 하는 행동을 보입니다.

10. 왜 그런지, 어떻게 그렇게 되는지 알고 싶어 하는가?

확실히 그렇다(3) **그런 편이다**(2) **잘 모르겠다**(1) **별로 그렇지 않다**(0)

왜, 어떻게 같은 질문이 많고, 매우 집요하기도 합니다. 대답이 만족스럽지 않으면 스스로 찾아보려고 합니다.

11. 안 그런 척하는 혹은 그런 척하는 행동을 하는가? 매우 뚜렷한 상상 속의 인물이나 사건을 말하는가?

확실히 그렇다(3) 그런 편이다(2) 잘 모르겠다(1) 별로 그렇지 않다(0)

12. 유머 감각이 유별난가?(0)

확실히 그렇다(3) 그런 편이다(2) 잘 모르겠다(1) 별로 그렇지 않다(0)

13. 여러 가지 것에 대해 질문을 많이 하는가?

확실히 그렇다(3) 그런 편이다(2) 잘 모르겠다(1) 별로 그렇지 않다(0)

14. 불필요할 정도로 자세한 것에 대해 걱정하는가?

확실히 그렇다(3) 그런 편이다(2) 잘 모르겠다(1) 별로 그렇지 않다(0)

15. 예민하고 유별난 동정심을 보이는가? 소음이나 통증, 슬픔에 대해 과도한 반응을 보이는가?

확실히 그렇다(3) 그런 편이다(2) 잘 모르겠다(1) 별로 그렇지 않다(0)

16. 어떤 활동을 계획하거나 조직하는 일을 좋아하는가?

확실히 그렇다(3) 그런 편이다(2) 잘 모르겠다(1) 별로 그렇지 않다(0)

17. 다소 복잡한 게임을 할 때, 평균 이상의 조정 능력을 보이는가?

확실히 그렇다(3) 그런 편이다(2) 잘 모르겠다(1) 별로 그렇지 않다(0)

18. 성장 발육 단계에서 몇 단계 빠른 발달을 보였는가?

확실히 그렇다(3) 그런 편이다(2) 잘 모르겠다(1) 별로 그렇지 않다(0)

19. 친구들과 즐겁게 지내는 것을 좋아하는가?

확실히 그렇다(3) 그런 편이다(2) 잘 모르겠다(1) 별로 그렇지 않다(0)

20. 이야기를 만드는 것을 좋아하고, 독특한 아이디어를 내는가?

확실히 그렇다(3) 그런 편이다(2) 잘 모르겠다(1) 별로 그렇지 않다(0)

21. 관심·영역이 다양한가?

확실히 그렇다(3) 그런 편이다(2) 잘 모르겠다(1) 별로 그렇지 않다(0)

22. 다른 아이들에게 자기가 원하는 것을 시키는가?

확실히 그렇다(3) 그런 편이다(2) 잘 모르겠다(1) 별로 그렇지 않다(0)

23. 고도로 발달된 언어 능력을 보여주는가?

확실히 그렇다(3) 그런 편이다(2) 잘 모르겠다(1) 별로 그렇지 않다(0)

24. 같은 취미나 관심을 가진 사람을 찾아내고, 같이 어울리고자 하는가?

확실히 그렇다(3) 그런 편이다(2) 잘 모르겠다(1) 별로 그렇지 않다(0)

25. 다른 사람과 같이 작업할 줄 알고, 좋아하는가?

확실히 그렇다(3) 그런 편이다(2) 잘 모르겠다(1) 별로 그렇지 않다(0)

26. 자기 자신에게 대해 매우 높은 기대치를 설정하는가?

확실히 그렇다(3) 그런 편이다(2) 잘 모르겠다(1) 별로 그렇지 않다(0)

27. 간단한 문제를 지나치고 어려운 문제를 선택하려는가?

확실히 그렇다(3) 그런 편이다(2) 잘 모르겠다(1) 별로 그렇지 않다(0)

28. 책에 집착하는가?

확실히 그렇다(3) 그런 편이다(2) 잘 모르겠다(1) 별로 그렇지 않다(0)

29. 많은 일을 벌이고 그 모든 일에 열정을 보이는가?

확실히 그렇다(3) 그런 편이다(2) 잘 모르겠다(1) 별로 그렇지 않다(0)

30. 자신의 아이디어를 여러 사람에게 보여주는 것을 좋아하는가?

확실히 그렇다(3) 그런 편이다(2) 잘 모르겠다(1) 별로 그렇지 않다(0)

모든 항목을 평가해 합산해서 총점 90점 중 65점 이상이면 영재성이 확실히 있다고 보아야 하며, 80점 이상이 되면 고도 영재라고 보아야 합니다.

엄마가 도와주는
영재 수학 학습법

제1판 1쇄 2024년 8월 30일

지은이   지형범
펴낸이   한성주
펴낸곳   ㈜두드림미디어
책임편집 배성분
디자인   얼앤똘비악(earl_tolbiac@naver.com)

㈜두드림미디어
등록   2015년 3월 25일(제2022-000009호)
주소   서울시 강서구 공항대로 219, 620호, 621호
전화   02)333-3577
팩스   02)6455-3477
이메일   dodreamedia@naver.com(원고 투고 및 출판 관련 문의)
카페   https://cafe.naver.com/dodreamedia

ISBN   979-11-94223-00-9 (03370)

책 내용에 관한 궁금증은 표지 앞날개에 있는 저자의 이메일이나
저자의 각종 SNS 연락처로 문의해주시길 바랍니다.